絶対決める！
公務員の適性試験
完全対策問題集

新星出版社

◆本書の特色◆

さまざまなパターンを盛り込んだ実践問題

　本書は、「国家公務員一般職（高卒者）」、「国家公務員専門職（税務職員）」、「地方公務員初級」試験に共通する、適性試験（多肢選択式）問題を中心にまとめた実践的な問題集です。

　実際に試験で出題された過去問題をベースに、試験によく出題される10の形式を分析し、さらにそれぞれの形式について典型的な出題パターンの問題をピックアップしています。

３つのステップでパターンを克服

　本書は、１つの形式につき３つのパターンの問題を取り上げています。さらに問題の内容や解き方を理解し、正しい解答を導くために、次の３つのステップで解説しています。

> **STEP1**　問題の内容とポイントを理解する
> **STEP2**　問題の解き方を身につける
> **STEP3**　問題に慣れるために練習問題を解く

　STEP1、STEP2をよく読んで、ポイントと解き方を身につけ、STEP3の練習問題を解いて、そのパターンを克服しましょう。

練習問題を解いて実力アップ

　各問題には練習問題を用意しています。練習問題は１つのパターンに対して30〜50問ありますので、十分問題に慣れましょう。**適性試験は決められた時間内にたくさんの問題を解くスピードと、正しい答えを導き出す正確さが重視**されますので、問題の傾向を知り、解き方を身につけるためにも、たくさんの問題に取り組むことが大切です。

解答欄を活用しよう

　本書に掲載されている問題には、答えを書き込むことができる解答欄（マークシート）がついています。**適性試験の場合は、正しい答えを出すだけでなく、問題文で決められた指示どおりに解答欄（マークシート）へ記入（マーク）すること**が求められています。228ページにはコピーして使用する解答用紙を用意しました。上手に活用してください。

地方公務員初級・国家公務員一般職〈高卒者〉 採用試験ガイド

★地方公務員と国家公務員

ひとくちに公務員といっても、地方公務員と国家公務員では、その仕事や採用方法に違いがあります。

地方公務員には、都道府県という広い範囲で多岐にわたる仕事を抱える都道府県職員や、地域に密着して地域住民の暮らしを支える市区町村職員があります。地方公務員全体の中で大きな割合を占める教員や警察官は、都道府県職員です（教員は政令指定都市による採用もあります）。

地方公務員初級一般行政職の場合は、それぞれの地方自治体の各部署・各分野において、窓口業務から政策の立案にいたるまで、さまざまな業務に携わることになります。採用試験においては、教養試験による基礎能力の評価以外に、適性試験や作文、面接による人物評価がなされます。

国家公務員は、各省庁や裁判所、衆議院・参議院の各事務局等に採用され、国家全般の仕事に携わります。勤務地も全国各地にわたります。

国家公務員一般職（高卒者）で採用された場合、庶務や経理などの一般事務の業務に就くことになります。国家一般職では、的確な事務処理能力を求められるため、適性試験においても、迅速で正確な処理能力が試されます。

本書では以後、地方公務員初級試験は「地方初級」、国家公務員一般職試験（高卒者）は「国家一般職」、専門職試験「税務職員」は「税務」として表記します。

試験制度内容については変更されることがあります。また、「地方初級」は募集内容が各自治体で異なりますので、実施団体の各地方人事院事務局（所）、役所等で、「国家一般職」は人事院ホームページで、**ご自身で確認をしてください**。

★公務員の主な職種

◆事務系	一般行政、学校事務、警察事務
◆技術系	土木、建築、電気・機械化学農業・林業水産　など
◆資格・免許系	看護師、保健師、栄養士、保育士　など
◆公安系	警察官、消防官　など
◆技能系	給食調理員、清掃作業員、公営乗物運転士　など

公務員受験メモ　〈区分とは〉

区分とは、公務員の職種を決めて受験する「**試験の区分**」をいう。

地方初級の事務系は「一般事務」、「学校事務」、「警察事務」、技術系は「総合土木」、「水産」などと具体的である。国家一般職は「事務」「技術」「農業土木」「農業」「林業」の5区分である。

なお、地方初級、国家一般職とも毎年決まって区分募集を行っているわけではない。募集内容は、必ず早めに各人事委員会等で確認して受験計画をたてるようにしよう。

★受験できる公務員試験区分

自治体が実施する試験	・地方初級（事務系・技術系）
人事院が実施する試験	・国家一般職（事務・技術系）
人事院が実施する試験・専門職	・税務（事務）・皇宮護衛官（公安系） ・刑務官（公安系）・入国警備官（公安系） ・航空保安大学校学生・海上保安大学校学生 ・海上保安学校学生・気象大学校学生
直接に機関等が実施する試験	・裁判所職員一般職・国立国会図書館事務局員 ・衆議院事務局職員・参議院事務局職員 ・衆・参議院事務局衛視 ・警察官・消防官　など

★公務員の数

日本には、いったいどれくらいの公務員がいるのでしょうか？「地方・国家」それぞれの人数を表したのが円グラフです。これを総人口でみると国民約38人に1人となります。地方公務員は46人に1人、国家公務員は214人に1人です。いかに私たちの身の回りにたくさんの公務員の人たちが行政の役割を担って働いているかがわかります。

（資料：公務員白書）

国家公務員は、特別職（大臣、裁判官、防衛省職員など含む）約30万人と一般職（一般公務員、検察官など）約29万人がいます。数字は、年度により増減するため簡単に表しています。

★公務員の給与、休日

地方公務員の給与は、条例で決められた給料表の額で支給され、その他に「手当」があります。しかし、自治体の財政状況により減額措置など取られているところがありますので、地域によって異なります。

国家公務員の場合は、法律で定められており、こちらは俸給表という基準にしたがって支給されます。こちらも諸手当があります。防衛省職員などについては、機関による別途の形で支給されています。支給額は人事院勧告で民間給与との比較から額が決まり、国会で決定されます。

採用当初の支給金額は、令和5年の場合、約166,600円で公表されています（金額は年度により増減します）。

勤務時間は、ともに週休2日制で週38時間45分勤務が原則です。勤務内容により、交替制や変則労働時間制があります。休暇は一般的に年間20日となっています。

★受験資格年齢

- **地 方 初 級**→「平成○年4月2日〜平成○年4月1日までに生まれた者」と募集案内に表記されます（おおむね、受験年度の4月1日現在、17歳以上21歳未満の者）。
- **国家一般職**→①受験年度の4月1日現在、卒業した日の翌日から2年を経過していない者及び受験年度の3月までに卒業見込みの者、②人事院が①に掲げる者に準ずると認める者。
  （高卒者）
- **税　　　務**→「国家一般職」①の「2年を経過していない者」が「3年を経過していない者」。②人事院が①に掲げる者に準ずると認める者。

★試験の流れ（国家一般職・税務の例）　地方初級はp.8を参照

（1）受験要項・申込書配布（5月上旬）
→人事院のホームページに受験案内が掲載される。

（2）申込書受付期間（6月中旬〜下旬）
→インターネット申込専用アドレスから申し込む。
→インターネット申込みができない環境にある場合は、受付期間前に余裕をもってp.7の各事務局に問い合わせる。

◆第1次試験（9月上旬）

■試験種目と内容

国家一般職（事務：A区分／技術、農業土木、林業：B区分）、**税務**（C区分）

試験種目	対象区分	試験科目
基礎能力試験 （多肢選択式）	全区分	40題①知能分野20題必須（文章理解7題、課題処理7題、数的処理4題、資料解釈2題）②知識分野20題必須（自然科学5題、人文科学8題、社会科学6題、情報1題）
適性試験 （多肢選択式）	A・C区分	120題：置換・照合・計算・分類などの時間内処理スピード検査
作文試験	A・C区分	1題（第1次試験合格者を対象として評定、最終合格者決定に反映）
専門試験 （多肢選択式）	B区分	40題（技術は①電気・情報系、②機械系、③土木系、④建築系から選択の20題含む）

※解答時間

基礎能力試験（1時間30分）　適性試験（15分）　専門試験（1時間40分）　作文試験（50分）

(3) 第1次試験合格者発表（10月上旬）

→合格者は第1次試験の「基礎能力試験」「適性試験又は専門試験」で決定。合格者の受験番号がインターネット合格者発表専用アドレスに掲載される。

◆第2次試験（10月中旬〜下旬）

試験種目	対象区分	試験科目
人物試験	全区分	人柄、対人的能力などについての個別面接（参考として性格検査がある）
身体検査	C区分	胸部疾患、尿、その他一般内科系検査

★最終合格者発表（11月中旬）

→合格者の受験番号がインターネット合格者発表専用アドレスに掲載される。

■合格者発表問合せ先

- 人事院人材局試験課

  〒100-8913　東京都千代田区霞が関1-2-3　TEL 03（3581）5311
- 関係する人事院地方事務局（所）　（p.7参照）

★採用（おおむね翌年4月以降）

最終合格者は採用候補者名簿に記載（有効期間1年）され、名簿記載順に面接など行い、採用を決定する。

★科目配分と合格ラインの目安

国家一般職、税務試験では、適性試験が必須試験になります。地方初級は、自治体によって試験が異なるため、実施している自治体と、していない自治体があります。受験する自治体の試験案内を確認しましょう。

適性試験は、職務上の事務処理能力が問われる試験で、計算・分類・照合などの比較的簡単な問題を、決められた時間内にどれだけ正確にたくさん解けるかが重要になります。

問題はマークシートを用いた択一式（多肢選択式）で、問題数・解答時間は、国家一般職、税務では、120題・15分と共通しており、地方初級では、100題・10分の場合があります。

合格ラインは、人事院のウェブサイトで公開されている「合格者の決定方法」によると、『筆記試験の各試験種目の基準点は、多肢選択式試験については原則として満点の30％とし、作文

> 試験種目で
> 基準点に達しない者は
> 合計得点が高くても
> 不合格！

試験については別に定めることとしています』とあります。適性試験の場合、1題1点と考えると、120題120点が満点になりますから、120点の30％は36点となり、これが合格ラインと考えられます。地方初級は合格の基準点が自治体によって異なりますが、国家一般職とほぼ同じと考えてよいでしょう。気をつけなければいけないことは、『基準点に達しない試験種目が一つでもある受験者は、他の試験種目の成績にかかわらず不合格』となるため、試験種目が教養試験と適性試験であった場合、「適性試験はあまりできなかったけど、教養試験は満点近くとれたから大丈夫だろう」と安心はできないことです。

　1次試験ではいずれかの試験種目が基準点に達しない場合は、2次試験に進むことができないことを覚えておきましょう。

●人事院各地方事務局（所）

第1次試験地	申込先	所在地	連絡先
札幌市　函館市 旭川市　帯広市 北見市	人事院 北海道事務局	〒060-0042 札幌市中央区大通西12丁目	TEL 011 (241) 1248 FAX 011 (281) 5759
青森市　盛岡市 秋田市　仙台市 山形市　福島市	人事院 東北事務局	〒980-0014 仙台市青葉区本町3-2-23	TEL 022 (221) 2022 FAX 022 (267) 5315
新潟市　前橋市 長野市　松本市 甲府市　水戸市 宇都宮市　横浜市 千葉市　さいたま市 東京都	人事院 関東事務局	〒330-9712 さいたま市中央区新都心1-1	TEL 048 (740) 2006 TEL 048 (740) 2007 TEL 048 (740) 2008 FAX 048 (601) 1021
静岡市　名古屋市 津市　岐阜市 富山市　金沢市 福井市	人事院 中部事務局	〒460-0001 名古屋市中区三の丸2-5-1	TEL 052 (961) 6838 FAX 052 (961) 0069
京都市　大阪市 神戸市　奈良市 和歌山市	人事院 近畿事務局	〒553-8513 大阪市福島区福島1-1-60	TEL 06 (4796) 2191 FAX 06 (4796) 2188
鳥取市　松江市 岡山市　広島市 山口市	人事院 中国事務局	〒730-0012 広島市中区上八丁堀6-30	TEL 082 (228) 1183 FAX 082 (211) 0548
徳島市　高松市 松山市　高知市	人事院 四国事務局	〒760-0019 高松市サンポート3-33	TEL 087 (880) 7442 FAX 087 (880) 7443
福岡市　北九州市 佐賀市　大分市 長崎市　熊本市 宮崎市　鹿児島市	人事院 九州事務局	〒812-0013 福岡市博多区博多駅東2-11-1	TEL 092 (431) 7733 FAX 092 (475) 0565
那覇市	人事院 沖縄事務所	〒900-0022 那覇市樋川1-15-15	TEL 098 (834) 8400 FAX 098 (854) 0209

地方公務員初級採用試験情報（参考）

※令和5年のデータをもとに掲載

募集先	青森県	前橋市	福井県
受験資格年齢	青森県人事委員会が規定する年齢	前橋市が規定する年齢	福井県人事委員会が規定する年齢
受付期間	8月上旬〜8月下旬	8月上旬〜8月中旬	8月中旬〜8月下旬
第1次試験	9月下旬	9月中旬	9月下旬
第1次試験内容	一般事務：教養試験	事務：教養試験・適性検査	行政：教養試験＋適性検査Ⅰ
1次合格発表	10月上旬	10月上旬〜中旬	10月上旬
第2次試験	10月下旬	10月中旬〜下旬	11月上旬
第2次試験内容	一般事務：作文試験＋面接試験＋適性検査	事務：面接試験（第3次も）	行政：作文試験＋口述試験＋適性検査Ⅱ
最終合格発表	11月中旬	12月上旬〜中旬	11月中旬
受験申込・問合せ先など	青森県人事委員会事務局任用担当 〒030-0801 青森県青森市新町2丁目2-11東奥日報新町ビル4階 TEL 017-734-9829	前橋市総務部職員課人材育成係採用試験担当 〒371-8601 前橋市大手町二丁目12番1号 TEL 027-898-6503	福井県人事委員会事務局 〒910-8580 福井市大手3-17-1 TEL 0776-20-0593

募集先	和歌山県	愛媛県	鹿児島県
受験資格年齢	和歌山県人事委員会が規定する年齢	愛媛県人事委員会が規定する年齢	鹿児島県人事委員会が規定する年齢
受付期間	7月下旬〜8月中旬	8月中旬〜8月下旬	8月上旬〜中旬
第1次試験	9月下旬	9月下旬	9月下旬
第1次試験内容	一般事務：教養試験＋作文試験＋適性検査	一般事務：教養試験	一般事務：教養試験
1次合格発表	10月上旬	10月上旬	10月上旬
第2次試験	10月下旬	10月上旬〜下旬	10月中旬〜11月中旬
第2次試験内容	事務職：面接試験	一般事務：口述試験＋作文試験＋適性検査	一般事務：作文試験＋面接試験＋適性検査
最終合格発表	11月上旬	11月中旬	11月中旬
受験申込・問合せ先など	和歌山県人事委員会 〒640-8585 和歌山市小松原通1-1 TEL 073-441-3763	愛媛県人事委員会 〒790-0012 松山市湊町四丁目4-1 伊予鉄本社ビル2F TEL 089-912-2826	鹿児島県人事委員会事務局総務課任用係 〒890-8577 鹿児島市鴨池新町10-1 県庁12階 TEL 099-286-3893・3894

適性試験の概要

★適性試験は公務員に必要な能力が試される

　適性試験は、公務員として行うことになる、人数や金額の計算、書類などの分類、データの集計や整理などを、迅速に、正しく行える人物であるかどうかを試される試験です。

　適性試験は、一次試験で行われることがほとんどです。適性試験の結果が、合格の基準点に少しでも届かなかった場合は、ほかの試験の結果が良くとも、次の試験に進むことはできません。適性試験は公務員を目指す多くの人にとって、必ず通るべき道といえるでしょう。

★適性試験の内容を確認しておく

　本書でいう「適性試験」とは、「計算」や「分類」などの問題が出題される、「事務適性」をはかるための適性試験のことを指します。

　しかし、「適性試験」にはほかにも、「クレペリン検査」や「Ｙ－Ｇ検査」などの、「性格検査」を指す場合があります。募集要項などに「適性試験」と書かれていても、そこで行われる試験は、本書で説明する「事務適性」をはかるためのものなのか、それとも「クレペリン検査」などに代表される「性格検査」なのかは、試験によって違います。自分が受ける試験ではどんな試験が行われるのか、事前に必ず確認しておきましょう。

試　　験	試験種目	解答題数解答時間	配点比率 事務	配点比率 税務	内　　容
第一次試　験	基礎能力試験	40題1時間30分	4／9	2／4	公務員として必要な基礎的な能力（知能及び知識）についての筆記試験
	適性試験	120題15分	2／9	1／4	計算・分類・照合・置換等の比較的簡単な問題を限られた時間内に番号順にできるだけ多く解答するスピード検査。
	作文試験	1題50分	1／9	※	文章による表現力、課題に対する理解力などについての筆記試験。
第二次試　験	人物試験		2／9	1／4	人柄、対人的能力などについての個別面接。（参考として性格検査を実施）
	身体検査			※	主として胸部疾患（胸部エックス線撮影を含む。）、尿、その他一般内科系検査。

　　注　　1 「作文試験」は第1次試験合格者を対象に評定した上で、最終合格者の決定に反映します。
　　　　　2 「配点比率」欄に、※が表示されている試験種目は合否の判定のみを行っています。

9

問題の傾向と対策

　適性試験は、多くの場合「**出題数120問　解答時間15分**」となっています。試験によっては、「**出題数100問　解答時間10分**」ということもあります。

　解答時間15分に対して、出題数120問はとても多く、120問すべてを答えられる人はほとんどいません。出題される問題にもよりますが、平均解答数は40問～50問程度です。これは予想値ですが、合格の基準点は、満点の35％を基本に試験種目ごとに定められていますので、42点以上とることが合格基準の最低ラインだと考えられます。確実に合格をねらうためにも、120問の40％である48点以上を目指しましょう。

　適性試験の問題は「**計算**」「**分類**」「**照合**」「**置換**」「**図形把握**」「**複合問題**」の6つの形式のうち、3つ形式の問題が10問ずつ交互に出題される「スパイラル形式」となっています。

●スパイラル形式

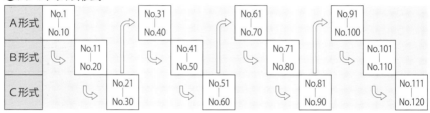

　過去には次のような形式の組み合わせが出題されています。

出題例①　　A形式：計算　　　　　B形式：分類　　C形式：置換
出題例②　　A形式：置換＋計算　　B形式：分類　　C形式：図形把握
出題例③　　A形式：置換＋計算　　B形式：照合　　C形式：置換＋分類
　　　　　　　　　　　　　　　　　　　　　　　　　　　　など

　出題される問題は、国家一般職や税務ならその年によって、また地方初級ならば受験する年はもちろん地域によっても違ってきます。どのような問題が出た場合でも、あわてず、しっかり取り組めるように対策をたてておきましょう。

5つの基本問題とさまざまな複合問題

■基本問題

1 計算問題…………加減乗除（＋－×÷）を用いた式を計算する	→18ページ
加減乗除（＋－×÷）を用いた、基礎的な計算の問題が出題されます。計算そのものはそれほど難しくありません。ケアレスミスに注意。	①加減乗除パターン →20ページ
	②式の穴埋めパターン →24ページ
	③数式選択パターン →28ページ

2 分類問題…………文字や数字などの情報を分類する	→32ページ
与えられた情報を「手引」や「分類表」にしたがって分類する問題が出題されます。問題文をよく読み、理解し、正しく分類するためにも、落ち着いて解くことが大切です。	①数字の分類パターン →35ページ
	②範囲の中からの分類パターン →42ページ
	③情報からの分類パターン →50ページ

3 照合問題…………文字や数字などの情報を照合する	→58ページ
与えられた情報を見比べ、間違いがないか、異なる箇所はどこかなどの照合を行う問題が出題されます。見落としによる間違いが多いため、隅々まで見るようにしましょう。	①数字とアルファベットの照合パターン →60ページ
	②情報の照合パターン →64ページ
	③文章の照合パターン →68ページ

4 置換問題…………文字や数字などの情報を置き換える	→72ページ
手引にしたがって、与えられた指示どおりに情報を置き換える問題が出題されます。情報だけに注目していると間違えた置き換えをしてしまうこともありますので、問題をよく確認しましょう。	①漢字とカタカナの置換パターン →75ページ
	②表を用いた置換パターン →80ページ
	③数字と漢字の置換パターン →86ページ

5 図形把握問題…………条件にあう図形を選ぶ	→90ページ
同じ形の図形や指示にしたがい、変形した図形などを選ぶ問題が出題されます。図形を見極める図形把握能力が求められます。	①同形の図形パターン →92ページ
	②変形した図形パターン →98ページ
	③指示された図形パターン→104ページ

■複合問題

6 置換＋計算問題…………情報の置き換え後に計算を行う	→112ページ
手引にしたがって置き換えを行った後に計算をする問題が出題されます。置き換えの正確さと計算の早さが求められます。	①加減乗除の置換パターン→115ページ
	②数字の置換パターン →120ページ
	③表を用いた置換パターン→128ページ

7 計算＋分類問題…………計算を行い結果を分類する		→136ページ
数式を計算し、結果を分類表にしたがい分類する問題が出題されます。問題そのものはあまり複雑ではないため、落ち着いて答えましょう。	①解の分類パターン	→139ページ
	②同じ解を探す分類パターン	→146ページ
	③□を求める分類パターン	→154ページ

8 置換＋分類問題…………情報を置き換え分類する		→160ページ
情報を手引にしたがって置き換え、結果を分類する問題です。「手引」と「分類表」の2つが用いられるため、問題が複雑になっています。問題をきちんと理解し、確実に「置換」「分類」を行うことが大切です。	①4つの情報を用いるパターン	→163ページ
	②数字の分類パターン	→170ページ
	③3種の範囲から選ぶパターン	→176ページ

9 照合＋分類問題…………照合を行った後に分類する		→182ページ
情報を照合した後、その結果を分類表にしたがって分類する問題です。どの箇所を照合するのか、分類はどのように行うのか、問題をしっかり確認してから解きはじめます。「照合」と「分類」のポイントをおさえておきましょう。	①文章の照合＋分類パターン	→185ページ
	②羅列文字の照合＋分類パターン	→192ページ
	③組み合わせの照合＋分類パターン	→198ページ

10 置換＋計算＋分類問題…………置き換え後、計算し、分類する		→204ページ
「置換」「計算」「分類」の3つが組み合わさった問題です。どれか1つを間違えてしまうと正解にはたどり着けませんので、手順をひとつひとつを確実に行うことが大切です。	①式を置き換えるパターン	→207ページ
	②計算を2回行うパターン	→214ページ
	③式の値を範囲から選ぶパターン	→222ページ

出題数と出題方式

★採点は「減点法」、未解答は誤答として減点

　適性試験は「減点法」が採用されているため、一般の試験のように、「苦手な問題はとばして、得意な問題から解いていく」ことができません。例えば、「A形式：計算、B形式：分類、C形式：置換」という組み合わせの試験の場合、「A形式：計算」は苦手だからとばして、「B形式：分類」の問題だけを解くと、とばした未解答の「A形式：計算」は誤答としてカウントされてしまいます。

ここで、「減点法」という採点方法についてみていきましょう。

> 正答数 − 誤答数 = 得点

正答数＝解答が正解した問題数
誤答数＝解答が不正解の問題数＋未解答数（解答せずにとばした問題数）

　時間がなくなって手がつけられなかった無解答のところはカウントされません。**できたところ（最後に解答したところ）までのなかで、正答数から誤答数が引かれます。**解答しないで**とばした問題（未解答）は、次の問題に答えていれば誤答扱い**となってしまいます。

　実際にどのように採点されるのか、A君、B君、C君、D君の4人の解答例をみてみましょう。

● 4人の解答例（A君、B君、C君は最後に解答した問題はNo.50、D君のみNo.51とする）

	No.1　　No.10	No.11　　No.20	No.20	No.21　　No.30	No.31　　No.40	No.41　　No.50	
A君	No.1～10 10問正解	No.11～20 10問正解	No.21～30 10問正解	No.31～40 10問正解	No.41～50 10問正解		無回答
B君	No.1～10 10問正解	No.11～20 10問不正解	No.21～30 10問正解	No.31～40 10問正解	No.41～50 10問正解		無回答
C君	No.1～10 10問正解	No.11～20 10問不正解	No.21～30 10問正解	No.31～40 10問未解答	No.41～50 10問正解		無回答
D君	No.1～10 10問正解	No.11～20 10問正解	No.21～30 10問正解	No.31～40 10問正解	No.41～50 10問未解答		No.51まで解答 1問不正解

A君：正解50問−不正解　0問　　　　　　　　＝得点50点
B君：正解40問−不正解10問　　　　　　　　＝得点30点
C君：正解30問−（不正解10問＋未解答10問）＝得点10点
D君：正解40問−（未解答10問＋不正解1問）　＝得点29点

　以上のような採点方法になっています。未解答や不正解は、得点としてカウントされないのではなく、減点されてしまうことに注意が必要です。D君の場合は、40問も正解していたのですが、No.41～50までとばして未解答なうえに、No.51の解答（不正解）をしてしまったことで得点は29点になってしまいました。もしD君がNo.40でやめていれば、得点は40点ということになります。

　適性試験のような減点法の場合、問題をとばして次の問題にいくことはあまり得策ではありません。一般的には、やはり**1問1問確実に解いていくほうが得点としては高くなる**といえます。これらのことをよく理解し、試験のときには十分注意しましょう。

目　次

本書の特色 ——————————— 2
地方公務員初級・国家公務員一般職
〈高卒者〉採用試験ガイド ——————— 3
適性試験の概要 ——————————— 9
本書の使い方 ——————————— 16

基本問題編

1 計算問題　18

①加減乗除パターン
STEP1 —————————————— 20
STEP2 —————————————— 21
STEP3 —————————————— 22

②式の穴埋めパターン
STEP1 —————————————— 24
STEP2 —————————————— 25
STEP3 —————————————— 26

③数式選択パターン
STEP1 —————————————— 28
STEP2 —————————————— 29
STEP3 —————————————— 30

2 分類問題　32

①数字の分類パターン
STEP1 —————————————— 35
STEP2 —————————————— 36
STEP3 —————————————— 37

②範囲の中からの分類パターン
STEP1 —————————————— 42
STEP2 —————————————— 43
STEP3 —————————————— 44

③情報からの分類パターン
STEP1 —————————————— 50
STEP2 —————————————— 51
STEP3 —————————————— 52

3 照合問題　58

①数字とアルファベットの照合パターン
STEP1 —————————————— 60

STEP2 —————————————— 61
STEP3 —————————————— 62

②情報の照合パターン
STEP1 —————————————— 64
STEP2 —————————————— 65
STEP3 —————————————— 66

③文章の照合パターン
STEP1 —————————————— 68
STEP2 —————————————— 69
STEP3 —————————————— 70

4 置換問題　72

①漢字とカタカナの置換パターン
STEP1 —————————————— 75
STEP2 —————————————— 76
STEP3 —————————————— 77

②表を用いた置換パターン
STEP1 —————————————— 80
STEP2 —————————————— 81
STEP3 —————————————— 82

③数字と漢字の置換パターン
STEP1 —————————————— 86
STEP2 —————————————— 87
STEP3 —————————————— 88

5 図形把握問題　90

①同形の図形パターン
STEP1 —————————————— 92
STEP2 —————————————— 93
STEP3 —————————————— 94

②変形した図形パターン
STEP1 —————————————— 98
STEP2 —————————————— 99
STEP3 —————————————— 100

③指示された図形パターン
STEP1 —————————————— 104
STEP2 —————————————— 105
STEP3 —————————————— 106

Column　2桁×2桁の簡単計算方法 —— 110

複合問題編

6 置換＋計算問題 112

①加減乗除の置換パターン
STEP1 ·· 115
STEP2 ·· 116
STEP3 ·· 117

②数字の置換パターン
STEP1 ·· 120
STEP2 ·· 121
STEP3 ·· 122

③表を用いた置換パターン
STEP1 ·· 128
STEP2 ·· 129
STEP3 ·· 130

7 計算＋分類問題 136

①解の分類パターン
STEP1 ·· 139
STEP2 ·· 140
STEP3 ·· 141

②同じ解を探す分類パターン
STEP1 ·· 146
STEP2 ·· 147
STEP3 ·· 148

③□を求める分類パターン
STEP1 ·· 154
STEP2 ·· 155
STEP3 ·· 156

8 置換＋分類問題 160

①4つの情報を用いるパターン
STEP1 ·· 163
STEP2 ·· 164
STEP3 ·· 165

②数字の分類パターン
STEP1 ·· 170
STEP2 ·· 171
STEP3 ·· 172

③3種の範囲から選ぶパターン
STEP1 ·· 176
STEP2 ·· 177
STEP3 ·· 178

9 照合＋分類問題 182

①文章の照合＋分類パターン
STEP1 ·· 185
STEP2 ·· 186
STEP3 ·· 187

②羅列文字の照合＋分類パターン
STEP1 ·· 192
STEP2 ·· 193
STEP3 ·· 194

③組み合わせの照合＋分類パターン
STEP1 ·· 198
STEP2 ·· 199
STEP3 ·· 200

10 置換＋計算＋分類問題 204

①式を置き換えるパターン
STEP1 ·· 207
STEP2 ·· 208
STEP3 ·· 209

②計算を2回行うパターン
STEP1 ·· 214
STEP2 ·· 215
STEP3 ·· 216

③式の値を範囲から選ぶパターン
STEP1 ·· 222
STEP2 ·· 223
STEP3 ·· 224

解答用紙 ———————————— 228
解答一覧 ———————————— 229

［本書の使い方］

３つのステップで解き方を身につける

本書では、問題を理解し、正しい解答を導き出すために必要な手順を、次の３つのSTEPに分けて説明しています。

STEP1

STEP1では、そのパターンの例題が出題されます。まずは例題の問題文をよく読み、問題をきちんと理解しましょう。問題には、「正しい文字の数を答える」ものもあれば「正しくない文字の数を答える」ものもありますので、何が問われていて、何を答えればいいのかを、ここでしっかり確認しましょう。

STEP2

STEP2では、例題をもとに、問題を解くための手順・方法を解説を掲載しています。問題の解き方は１つではありませんので、解説を参考にしながら、自分にあった解き方をみつけていきましょう。ポイントには問題を解くためのヒントが書かれていますので、必ずチェックしましょう。

STEP3

STEP3は練習問題になります。STEP1とSTEP2で問題理解と問題の解き方を身につけたら、実際に自分で解いてみましょう。問題数は30〜50問と、問題に慣れるためにたっぷり用意してあります。

解答一覧は巻末に掲載

STEP3の解答一覧は229ページにあります。答えあわせをしてみて不正解が多い場合は、STEP1・2やポイントを読み返し、満点をとれるまでチャレンジしましょう。

解答欄と解答用紙を活用する

問題には実際に書き込むことができる解答欄を用意しています。ただ漠然と答えるのではなく、しっかり解答欄に書き込み、自分がどの問題で間違えたのかを明確にしましょう。練習問題でも、本番の試験を受けているつもりで解くことが大切です。

228ページにも解答用紙がありますので、コピーすれば何回でも解くことができます。実際に時間を決めて問題を解くなど、工夫して活用しましょう。

基本問題

1 計算問題
① 加減乗除パターン ─── 20
② 式の穴埋めパターン ─── 24
③ 数式選択パターン ─── 28

2 分類問題
① 数字の分類パターン ─── 35
② 範囲の中からの分類パターン ─── 42
③ 情報からの分類パターン ─── 50

3 照合問題
① 数字とアルファベットの照合パターン ─── 60
② 情報の照合パターン ─── 64
③ 文章の照合パターン ─── 68

4 置換問題
① 漢字とカタカナの置換パターン ─── 75
② 表を用いた置換パターン ─── 80
③ 数字と漢字の置換パターン ─── 86

5 図形把握問題
① 同形の図形パターン ─── 92
② 変形した図形パターン ─── 98
③ 指示された図形パターン ─── 104

	基本問題編

1 計算問題

「計算問題」では、数式の基本となる加減乗除、つまり足し算、引き算、掛け算、割り算を組み合わせた、基礎的な問題が出題されます。難しいことはありませんが、必要なことは、「早さ」「正確さ」「集中力」です。

また、「計算」は「分類＋計算」や「置換＋計算」、「置換＋計算＋分類」など、複合問題でもよく出題され、出題頻度が高い問題の１つです。

「計算問題」で 出題される 問題パターン	**1** 加減乗除パターン
	2 式の穴埋めパターン
	3 数式選択パターン

1 加減乗除パターン

四則計算（＋－×÷）を使った基本となる問題です。落ち着いて計算すれば誰にでも正解することができる問題ですが、やはり早さが求められます。できるだけ時間をかけず、すぐに答えられるようにすることが重要です。

例題① この問題は、次の３つの数式を計算し、その答えの最も大きい数から最も小さい数を差し引いた値を考え、その値のある選択肢の番号と同じ位置にマークするものです。ただし、３つの数式のうち、２つが同じ答えで１つだけ異なる場合、大きい数から小さい数を差し引くものとします。

			1	**2**	**3**	**4**	**5**
例題 $8 + 3 \times 4$	$42 \div 3 + 4$	$7 + 9 - 1$	2	3	4	5	6

例題では、例題のそれぞれの式を計算すると、順に「20」「18」「15」となります。最も大きな数は「20」、最も小さな数は「15」なので、「20 - 15」は「5」となります。これは「**4**」の位置にありますから、マークは次のようになります。

→ **例題①正答**　　１ ２ ３ ４ ５　○ ○ ○ ● ○

---

② 式の穴埋めパターン

式に空白があり、それを求める問題です。いわゆる虫食い算です。確認の計算をすれば間違えることはありませんが、それでは時間をかけすぎてしまうので、その必要がないように逆算する順序など、しっかり身につけておく必要があります。

例題② この問題は、与えられた等式が成り立つように、□の中に入る数を考え、その数のある選択肢の番号と同じ位置にマークするものです。

	1	**2**	**3**	**4**	**5**
例題 $\square \times 6 + 3 = 27$	2	3	4	5	6

例題では、□の中に入る数は「$\square = (27 - 3) \div 6$」の数式で求められ、この数式で計算すると、□の中に入る数は「4」になります。これは「**3**」の位置にありますから、マークは次のようになります。

$\rightarrow$ 　**例題②正答** 　1 2 ● 4 5

---

③ 数式選択パターン

与えられた数式と同じ値になる数式を選ぶ問題です。選択肢にある数式、すべてを計算する必要はありません。時間短縮のためにも左の数式と同じ値になりそうな、正解だと思うものから計算していきましょう。

例題③ この問題は、左の数式を計算し、その値と同じ値となる数式のある選択肢の番号と同じ位置にマークするものです。

	1	**2**	**3**	**4**	**5**
例題 $8 + 28 \div 2$	$39 \div 3$	3×7	$18 + 5$	$9 + 21$	2×11

例題では、左の数式を計算すると「22」になります。それぞれの式を計算すると、順に「13」「21」「23」「30」「22」となります。これは「**5**」の位置にありますから、マークは次のようになります。

$\rightarrow$ 　**例題③正答** 　1 2 3 4 ●

---

1 計算問題

1 加減乗除パターン

ポイント

加減乗除パターンの出題は、四則計算、つまり＋－×÷を使った基本となる問題です。四則計算は、はじめに掛け算、割り算を、その後に足し算と引き算をすることに注意しましょう。あわてると読み違えることがあります。また、計算した数値とマークを混合しないように注意します。

STEP 1　例題を解いてみよう！

この問題は、次の3つの数式を計算し、その答えの最も大きい数から最も小さい数を差しい引いた値を考え、その値のある選択肢の番号と同じ位置にマークするものです。ただし、3つの数式のうち、2つが同じ答えで1つだけ異なる場合、大きい数から小さい数を差し引くものとします。

	1	**2**	**3**	**4**	**5**
例題　$8 + 3 \times 4$　　$42 \div 3 + 4$　　$7 + 9 - 1$	2	3	4	5	6

例題では、例題のそれぞれの式を計算すると、順に「20」「18」「15」となります。最も大きな数は「20」、最も小さな数は「15」なので、「20 － 15」は「5」となります。これは「**4**」の位置にありますから、マークは次のようになります。

→　例題正答

1	**2**	**3**	**4**	**5**
○	○	○	●	○

				1	**2**	**3**	**4**	**5**
例題1	$10 + 2 \times 4$	$12 \div 3 + 4$	$3 + 5 - 1$	10	5	3	11	9
例題2	$9 \times 5 - 19$	$14 \div 2 + 20$	$6 + 3 \times 8$	2	4	6	8	10
例題3	$27 \div 3 + 2$	$6 \times 5 \div 3$	$30 - 17 - 12$	10	6	7	9	11

解答欄　⇨ 解答は次ページ

	1	**2**	**3**	**4**	**5**
例題1	○	○	○	○	○
例題2	○	○	○	○	○
例題3	○	○	○	○	○

①加減乗除パターン

STEP2　解説を読んで，ポイントをつかもう！

1
計算問題

　掛け算、割り算から先に計算するという基本にのっとって、落ち着いて計算することが大切です。

例題1

$10 + 2 \times 4$
$10 + (8)$
18

$12 \div 3 + 4$
$(4) + 4$
8

$3 + 5 - 1$
7
△

$18 - 7 = \boxed{11}$

←18から7を引くので11
　11は「**4**」の位置にあるため、
　答えは「**4**」

例題2

$9 \times 5 - 19$
$(45) - 19$
26

$14 \div 2 + 20$
$(7) + 20$
27

$6 + 3 \times 8$
$6 + (24)$
30

$30 - 26 = \boxed{4}$

←30から26を引くので4
　4は「**2**」の位置にあるため、
　答えは「**2**」

例題3

$27 \div 3 + 2$
$(9) + 2$
11

$6 \times 5 \div 3$
$(30) \div 3$
10

$30 - 17 - 12$
1
△

$11 - 1 = \boxed{10}$

←11から1を引くので10
　10は「**1**」の位置にあるため、
　答えは「**1**」

　数式が足し算と引き算のみの場合は、計算しやすいところから計算しましょう。
　例題3の場合、$30 - 17 - 12$の解き方は、

$$30 - (17 + 12) = 30 - 29 = 1$$

　　　　　　└── くり上げがなく、計算が簡単な
　　　　　　　　ことに注目

　一の位は、7と2なのでくり上げはありません。
　十の位も、1と1なのでくり上げはありません。

ポイント　ココを注意！

四則計算が混じった計算では、最初に掛け算・割り算を、次に足し算・引き算をします。くり上げがない、計算しやすいところから計算しましょう。

解答

	1	2	3	4	5
例題1	○	○	○	●	○
例題2	○	●	○	○	○
例題3	●	○	○	○	○

1 計算問題

STEP3 練習問題

問題

この問題は、次の3つの数式を計算し、その答えの最も大きい数から最も小さい数を差し引いた値を考え、その値のある選択肢の番号と同じ位置にマークするものです。ただし、3つの数式のうち、2つが同じ答えで1つだけ異なる場合、大きい数から小さい数を差し引くものとします。

	1	2	3	4	5
例題 $8 + 3 \times 4$　　$42 \div 3 + 4$　　$7 + 9 - 1$	2	3	4	5	6

例題では、例題のそれぞれの式を計算すると、順に「20」「18」「15」となります。最も大きな数は「20」、最も小さな数は「15」なので、「20 − 15」は「5」となります。これは「**4**」の位置にありますから、マークは次のようになります。

→ 例題正答　　1 2 3 4 5　○ ○ ○ ● ○

				1	2	3	4	5
No. 1	$6 \times 8 - 3$	$21 + 26$	$32 \div 8 + 40$	3	4	5	6	7
No. 2	$51 - 29$	$63 \div 7 + 11$	$3 + 2 \times 11$	7	5	9	2	11
No. 3	$1 + 36 \div 3$	$36 - 14$	$98 \div 7$	1	9	6	3	8
No. 4	$48 + 25$	$72 \div 2 + 28$	7×8	12	22	15	17	9
No. 5	12×3	$83 - 6 \times 8$	$12 \times 4 - 9$	10	12	4	7	5
No. 6	$72 - 53$	$2 + 6 \times 3$	$80 \div 5 + 2$	1	2	3	4	5
No. 7	$90 - 12 \div 6$	8×11	$9 \times 9 + 8$	3	5	7	1	4
No. 8	$48 \div 6 + 9$	$19 + 13$	$18 \times 4 - 43$	9	12	18	19	15
No. 9	$14 \times 4 - 40$	$32 \div 2 - 1$	$2 + 4 \times 3$	12	2	6	10	8
No.10	3×16	$29 + 22$	$17 \times 3 + 1$	7	3	4	9	5

解答欄 ⇨ 解答は229ページ

	1 2 3 4 5		1 2 3 4 5
No. 1	○ ○ ○ ○ ○	No. 6	○ ○ ○ ○ ○
No. 2	○ ○ ○ ○ ○	No. 7	○ ○ ○ ○ ○
No. 3	○ ○ ○ ○ ○	No. 8	○ ○ ○ ○ ○
No. 4	○ ○ ○ ○ ○	No. 9	○ ○ ○ ○ ○
No. 5	○ ○ ○ ○ ○	No.10	○ ○ ○ ○ ○

①加減乗除パターン

No.				1	2	3	4	5
No.11	$90 - 51$	$4 + 28 \div 2$	$7 \times 3 + 15$	21	18	24	17	19
No.12	$9 \times 8 + 1$	12×6	$61 + 36 \div 3$	5	4	3	2	1
No.13	$3 + 82 \div 2$	$38 + 8$	$21 \times 2 - 1$	15	17	10	5	9
No.14	16×4	$78 \div 2 + 25$	$6 \times 13 - 11$	9	7	3	2	6
No.15	$42 \div 6 + 8$	$64 \div 4$	$2 \times 12 - 10$	4	3	2	6	8
No.16	$5 + 4 \times 11$	$9 \times 8 - 28$	$29 + 28$	13	16	10	11	15
No.17	3×6	$81 \div 9 + 5$	$10 + 48 \div 8$	10	2	12	6	4
No.18	$1 + 7 \times 7$	$18 \times 3 - 3$	4×13	9	2	6	8	1
No.19	$4 \times 5 + 34$	7×8	$26 + 33$	5	7	1	6	8
No.20	$68 \div 4$	$54 \div 2 - 10$	$4 + 3 \times 6$	1	3	5	7	9

No.				1	2	3	4	5
No.21	$9 \times 6 \div 2$	$3 + 13 \times 2$	4×8	2	5	10	6	7
No.22	$13 \times 3 - 12$	$64 \div 16$	$64 \div 8 - 5$	21	19	25	24	20
No.23	$67 + 3$	$7 \times 12 - 19$	$38 \times 2 + 5$	19	14	15	18	16
No.24	$23 + 9 \times 8$	14×7	$41 + 57$	3	2	6	7	8
No.25	$6 \div 2$	$65 \div 5 - 9$	$31 - 28$	5	1	8	3	2
No.26	$8 \times 7 - 10$	$9 + 11 \times 3$	$5 \times 5 + 19$	12	9	13	11	4
No.27	$34 - 20 \div 5$	14×3	$52 \div 13 + 8$	27	30	33	32	29
No.28	$53 - 22$	$27 \div 3 + 39$	$41 + 13$	16	20	19	22	23
No.29	2×14	$87 - 58$	$28 + 24 \div 6$	4	7	1	8	2
No.30	$72 \div 9 + 38$	$13 + 4 \times 9$	$19 \times 3 - 6$	8	7	6	5	4

解答欄 ⇨ 解答は229ページ

	1	2	3	4	5
No.11	○	○	○	○	○
No.12	○	○	○	○	○
No.13	○	○	○	○	○
No.14	○	○	○	○	○
No.15	○	○	○	○	○
No.16	○	○	○	○	○
No.17	○	○	○	○	○
No.18	○	○	○	○	○
No.19	○	○	○	○	○
No.20	○	○	○	○	○

解答欄 ⇨ 解答は229ページ

	1	2	3	4	5
No.21	○	○	○	○	○
No.22	○	○	○	○	○
No.23	○	○	○	○	○
No.24	○	○	○	○	○
No.25	○	○	○	○	○
No.26	○	○	○	○	○
No.27	○	○	○	○	○
No.28	○	○	○	○	○
No.29	○	○	○	○	○
No.30	○	○	○	○	○

1 計算問題

1 計算問題

2 式の穴埋めパターン

ポイント

式の穴埋めパターンでは、等式に□があり、□に入る数字が問われます。それほど難しい、または複雑な計算は必要としません。導いた□の値が選択肢にない場合は値が間違っていることになります。落ち着いて、計算し直しましょう。

STEP1 例題を解いてみよう！

この問題は、与えられた等式が成り立つように、□の中に入る数を考え、その数のある選択肢の番号と同じ位置にマークするものです。

	1	2	3	4	5
例題 □ × 6 + 3 = 27	2	3	4	5	6

例題では、□の中に入る数は「□ ＝（27 − 3）÷ 6」の数式で求められ、この数式で計算すると、□の中に入る数は「4」になります。これは「**3**」の位置にありますから、マークは次のようになります。

→ 例題正答

1	2	3	4	5
○	○	●	○	○

		1	2	3	4	5
例題1	□ − 12 ÷ 4 = 10	13	12	10	9	7
例題2	□ ÷ 2 ÷ 3 = 9	24	36	42	48	54
例題3	4 + 9 × □ = 31	3	4	5	7	8

解答欄 ⇨ 解答は次ページ

	1	2	3	4	5
例題1	○	○	○	○	○
例題2	○	○	○	○	○
例題3	○	○	○	○	○

②式の穴埋めパターン

STEP2 解説を読んで，ポイントをつかもう！

1 計算問題

□を求める計算方法は1つではありません。自分が得意とする方法で、どんどん解いていきましょう。

例題1

$$\square - 12 \div 4 = 10$$
↓   ← まず $12 \div 4$ を計算する

$$\square - 3 = 10$$
↓   ← 左の辺の -3 を消すために、両方の辺に $+3$ する

$$\square - 3 + 3 = 10 + 3$$
↓   ← これを計算すると、左の辺は□だけが残る

$$\square = 13$$ ← 「13」は「**1**」の位置にあるため、答えは「**1**」となる

例題2

$$\square \div 2 \div 3 = 9$$
↓

← $\div a$ は $\times \frac{1}{a}$ と同じなので、$\div 2$ を $\times \frac{1}{2}$ に、$\div 3$ を $\times \frac{1}{3}$ にする

$$\square \times \frac{1}{2} \times \frac{1}{3} = 9$$
↓

$$\square \times \frac{1}{6} = 9$$
↓

← 左の辺の $\frac{1}{6}$ を消すために、両方の辺に $\times 6$ する

$$\square \times \frac{1}{6} \times 6 = 9 \times 6$$
↓

$$\square = 54$$ ← 「54」は「**5**」の位置にあるため、答えは「**5**」

例題3

$$4 + 9 \times \square = 31$$
↓

← まず、余計な数字から消していくために、両方の辺に -4 する

$$4 - 4 + 9 \times \square = 31 - 4$$

$$9 \times \square = 27$$
↓

← 27は9の倍数であることに気づこう
← 左の辺の9を消すために、両方の辺に $\div 9$ する

$$9 \div 9 \times \square = 27 \div 9$$
↓

← これを計算すると、左の辺は□だけが残る

$$\square = 3$$ ← 「3」は「**1**」の位置にあるため、答えは「**1**」

ポイント ココを注意！

□は中学校で学ぶ、一次方程式の x と同じです。求め方は1つではないので、早く正解を導き出せる自分にあった解き方を見つけましょう。

解答

	1	2	3	4	5
例題1	●	○	○	○	○
例題2	○	○	○	○	●
例題3	●	○	○	○	○

25

1 計算問題

STEP3 練習問題

問題

この問題は、与えられた等式が成り立つように、□の中に入る数を考え、その数のある選択肢の番号と同じ位置にマークするものです。

	1	**2**	**3**	**4**	**5**
例題 □ × 6 + 3 = 27	2	3	4	5	6

例題では、□の中に入る数は「□ =（27 − 3）÷ 6」の数式で求められ、この数式で計算すると、□の中に入る数は「4」になります。これは「**3**」の位置にありますから、マークは次のようになります。

→ 例題正答　1 2 ● 4 5

		1	**2**	**3**	**4**	**5**
No. 1	$45 ÷ □ + 8 = 13$	8	9	10	11	12
No. 2	$□ × 3 + 13 = 43$	6	7	9	10	12
No. 3	$□ − 24 ÷ 6 = 8$	12	13	14	15	16
No. 4	$2 × 9 − □ = 15$	2	3	5	6	7
No. 5	$55 − □ × 5 = 35$	10	9	6	5	4
No. 6	$7 + 2 × □ = 25$	7	8	9	10	11
No. 7	$19 + □ ÷ 2 = 31$	8	12	18	24	32
No. 8	$□ + 11 × 3 = 58$	25	38	39	41	43
No. 9	$9 ÷ □ + 7 = 16$	1	2	3	4	5
No.10	$6 + □ × 12 = 54$	6	4	3	2	1

解答欄 ⇨ 解答は229ページ

	1 2 3 4 5		1 2 3 4 5
No. 1	○ ○ ○ ○ ○	No. 6	○ ○ ○ ○ ○
No. 2	○ ○ ○ ○ ○	No. 7	○ ○ ○ ○ ○
No. 3	○ ○ ○ ○ ○	No. 8	○ ○ ○ ○ ○
No. 4	○ ○ ○ ○ ○	No. 9	○ ○ ○ ○ ○
No. 5	○ ○ ○ ○ ○	No.10	○ ○ ○ ○ ○

②式の穴埋めパターン

		1	2	3	4	5
No.11	$\square + 90 \div 3 = 32$	6	5	4	3	2
No.12	$7 \times \square - 21 = 21$	12	10	9	8	6
No.13	$14 \div 2 + \square = 26$	17	19	21	23	25
No.14	$11 - 36 \div \square = 5$	2	4	6	7	9
No.15	$\square + 52 \div 4 = 14$	8	6	4	3	1
No.16	$21 \times \square - 54 = 9$	7	6	5	4	3
No.17	$2 + 25 \div \square = 7$	5	10	15	20	25
No.18	$\square - 6 \times 3 = 4$	20	21	22	23	24
No.19	$\square \times 9 - 32 = 31$	5	7	9	11	13
No.20	$2 \times 29 + \square = 69$	8	9	10	11	12

		1	2	3	4	5
No.21	$2 + \square \times 9 = 74$	7	8	9	10	11
No.22	$\square - 21 \div 3 = 6$	17	16	15	14	13
No.23	$32 \div \square \div 2 = 4$	1	2	3	4	5
No.24	$3 \times 12 - \square = 22$	14	15	16	17	19
No.25	$28 \div 2 + \square = 19$	2	4	5	6	86
No.26	$\square \times 39 - 52 = 65$	6	5	4	3	2
No.27	$\square + 48 \div 3 = 18$	2	4	6	8	10
No.28	$7 \times 6 + \square = 52$	11	10	9	8	7
No.29	$8 + \square \times 8 = 80$	3	5	6	7	9
No.30	$4 \times 14 - \square = 28$	26	28	30	32	34

解答欄 ⇨ 解答は229ページ

	1	2	3	4	5
No.11	◯	◯	◯	◯	◯
No.12	◯	◯	◯	◯	◯
No.13	◯	◯	◯	◯	◯
No.14	◯	◯	◯	◯	◯
No.15	◯	◯	◯	◯	◯
No.16	◯	◯	◯	◯	◯
No.17	◯	◯	◯	◯	◯
No.18	◯	◯	◯	◯	◯
No.19	◯	◯	◯	◯	◯
No.20	◯	◯	◯	◯	◯

解答欄 ⇨ 解答は229ページ

	1	2	3	4	5
No.21	◯	◯	◯	◯	◯
No.22	◯	◯	◯	◯	◯
No.23	◯	◯	◯	◯	◯
No.24	◯	◯	◯	◯	◯
No.25	◯	◯	◯	◯	◯
No.26	◯	◯	◯	◯	◯
No.27	◯	◯	◯	◯	◯
No.28	◯	◯	◯	◯	◯
No.29	◯	◯	◯	◯	◯
No.30	◯	◯	◯	◯	◯

1 計算問題

1 計算問題

3 数式選択パターン

ポイント

　与えられた数式と同じ値になるものを選ぶ問題です。数式そのものは簡単ですので、ケアレスミスに注意が必要です。選択肢にある数式をすべて解いて値を求める必要も、また、選択肢「1」から解いていく必要もありません。左の数式と同じ値になると思うものにあたりをつけて、1問あたりの解答時間を短くすることが大切です。

STEP1　例題を解いてみよう！

　この問題は、左の数式を計算し、その値と同じ値となる数式のある選択肢の番号と同じ位置にマークするものです。

	1	2	3	4	5
例題　$8 + 28 \div 2$	$39 \div 3$	3×7	$18 + 5$	$9 + 21$	2×11

　例題では、例題の左の数式を計算すると「22」になります。選択肢「**1**」～「**5**」のそれぞれの式を計算すると、順に「13」「21」「23」「30」「22」となります。これは「**5**」の位置にありますから、マークは次のようになります。

→　例題正答　　1 2 3 4 5　○ ○ ○ ○ ●

	1	2	3	4	5
例題1　$3 \times 17 - 29$	$36 \div 3$	3×7	$18 + 5$	$9 + 21$	2×11

解答欄 ⇨ 解答は次ページ					
	1	2	3	4	5
例題1	○	○	○	○	○

③数式選択パターン

STEP2 解説を読んで，ポイントをつかもう！

まず左の数式を計算し、値を求めましょう。同じ値となる数式を選ぶ際には、順番に解くのではなく、一目見て近い値になりそうな数式から解いていき、値を求めていきましょう。

例題1　　$3 \times 17 - 29$

手順①：左の数式を計算しましょう

$$3 \times 17 - 29 = 22$$

↑
「一の位」に注目

手順②：選択肢の数式を計算しましょう

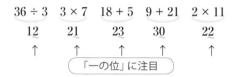

5つの数式の中で「22」の値になるのは、「2×11」です。「一の位」が「2」であることに注目することで、答えに早くたどり着くことができます。

「一の位」が違ったり、答えが明らかに異なる場合は、すぐに次の選択肢の数式にとりかかりましょう。

ポイント スピードアップ

どの数字の組み合わせで桁がくり上がるのか、覚えておきましょう。

例えば、8 + 14
　　　　　↑

8はあと2を足せば1桁くり上がります。
この場合、4から2をもらえば1桁くり上がります。
よって、8のパートナーは2ということになります。

9のパートナーは1、7のパートナーは3など、それぞれの数字で桁がくり上がるパートナーとなる数字を覚えておきましょう。

ポイント ココを注意！

九九は必ず覚えましょう。
九九だけでなく、よく出てくる数字の倍数や約数なども覚え、見た瞬間に近い値がわかるよう、練習しておきましょう。

解答

　　　　　1　2　3　4　5
例題1　　○　○　○　○　●

1 計算問題

1 計算問題

STEP3 練習問題

問題

この問題は、左の数式を計算し、その値と同じ値となる数式と同じ位置にマークするものです。

	1	**2**	**3**	**4**	**5**
例題 $8 + 28 \div 2$	$39 \div 3$	3×7	$18 + 5$	$9 + 21$	2×11

例題では、例題の左の数式を計算すると「22」になります。選択肢「**1**」〜「**5**」のそれぞれの式を計算すると、順に「13」「21」「23」「30」「22」となります。これは「**5**」の位置にありますから、マークは次のようになります。

→ 例題正答 　1 2 3 4 5　○ ○ ○ ○ ●

		1	**2**	**3**	**4**	**5**
No. 1	$5 \times 3 + 9$	9×3	$42 \div 2$	$50 - 31$	4×6	$6 + 19$
No. 2	$9 \div 3 + 23$	$31 - 4$	13×2	$60 \div 3$	$11 + 13$	$23 + 4$
No. 3	$52 \div 4 - 6$	$49 - 42$	2×4	$53 - 49$	$56 \div 7$	$9 + 8$
No. 4	$6 + 2 \times 21$	$92 \div 2$	$71 - 29$	8×6	$33 + 18$	8×8
No. 5	$8 - 18 \div 6$	$24 \div 6$	$4 + 3$	$30 \div 5$	$9 - 4$	4×2
No. 6	$42 \div 6 + 5$	$34 - 19$	2×7	$3 + 9$	$38 \div 2$	$5 + 8$
No. 7	$7 \times 3 + 15$	9×4	3×13	$69 \div 2$	$29 + 6$	$41 - 8$
No. 8	$5 + 12 \div 4$	$2 + 7$	$8 + 3$	$17 - 8$	$56 \div 8$	$72 \div 9$
No. 9	$31 - 28 \div 7$	$14 + 15$	$54 \div 2$	14×2	$39 - 11$	$40 - 22$
No.10	$3 \times 3 + 11$	11×2	$28 - 8$	$46 - 30$	3×7	$65 \div 5$

解答欄 ⇨ 解答は229ページ

	1 2 3 4 5		1 2 3 4 5
No. 1	○ ○ ○ ○ ○	No. 6	○ ○ ○ ○ ○
No. 2	○ ○ ○ ○ ○	No. 7	○ ○ ○ ○ ○
No. 3	○ ○ ○ ○ ○	No. 8	○ ○ ○ ○ ○
No. 4	○ ○ ○ ○ ○	No. 9	○ ○ ○ ○ ○
No. 5	○ ○ ○ ○ ○	No.10	○ ○ ○ ○ ○

③数式選択パターン

1 計算問題

		1	2	3	4	5
No.11	$4 \times 9 - 2$	$53 - 18$	12×3	$28 + 9$	$39 - 6$	$19 + 15$
No.12	$49 \div 7 + 12$	$42 \div 2$	$6 + 14$	$23 - 4$	$54 \div 3$	9×2
No.13	$24 \div 3 \div 2$	$16 - 13$	$3 + 3$	$35 \div 7$	$60 \div 15$	2×3
No.14	$2 + 9 \times 8$	$33 + 41$	$79 - 6$	31×2	$18 + 54$	$80 - 14$
No.15	$27 \div 3 - 4$	$48 \div 8$	$36 - 27$	$13 - 9$	2×4	$25 \div 5$
No.16	$6 \times 12 - 25$	$38 + 8$	$92 \div 2$	$29 + 18$	$61 + 20$	7×7
No.17	$10 - 9 \times 1$	$21 - 19$	$3 + 8$	$12 \div 6$	$5 + 6$	$62 - 61$
No.18	$15 \div 5 + 9$	2×12	$60 \div 5$	$20 - 18$	$49 - 32$	$8 + 6$
No.19	$3 \times 8 - 5$	$31 - 13$	5×4	$3 + 16$	$72 \div 6$	2×8
No.20	$7 + 4 \times 6$	3×9	$6 + 28$	$94 - 55$	$28 + 3$	$60 \div 2$

		1	2	3	4	5
No.21	$38 - 14 \times 2$	3×3	$42 \div 3$	$4 + 9$	2×5	$33 - 29$
No.22	$9 + 20 \div 4$	$13 + 11$	7×3	$28 \div 2$	3×4	$19 - 9$
No.23	$6 \times 8 - 9$	9×4	$51 - 14$	$72 \div 2$	$18 + 22$	3×13
No.24	$21 \div 3 - 2$	$2 + 3$	$20 \div 5$	$56 \div 7$	1×6	$3 + 4$
No.25	$7 + 9 \times 7$	$98 - 27$	$21 + 48$	7×10	$68 + 5$	7×9
No.26	$18 \div 6 \div 3$	1×4	$11 \div 11$	$6 + 4$	$22 \div 2$	$3 - 1$
No.27	$3 \times 21 - 40$	2×14	3×8	$44 \div 2$	$32 - 9$	$16 + 8$
No.28	$8 + 8 \times 6$	$78 - 19$	9×6	$7 + 48$	$98 \div 2$	7×8
No.29	$4 \div 2 + 9$	$8 + 9$	$5 + 6$	2×7	$36 \div 3$	$30 - 29$
No.30	$7 \times 9 - 32$	10×3	$40 - 7$	$11 + 20$	$23 + 10$	16×2

解答欄 ⇨ 解答は230ページ

	1	2	3	4	5
No.11	○	○	○	○	○
No.12	○	○	○	○	○
No.13	○	○	○	○	○
No.14	○	○	○	○	○
No.15	○	○	○	○	○
No.16	○	○	○	○	○
No.17	○	○	○	○	○
No.18	○	○	○	○	○
No.19	○	○	○	○	○
No.20	○	○	○	○	○

解答欄 ⇨ 解答は230ページ

	1	2	3	4	5
No.21	○	○	○	○	○
No.22	○	○	○	○	○
No.23	○	○	○	○	○
No.24	○	○	○	○	○
No.25	○	○	○	○	○
No.26	○	○	○	○	○
No.27	○	○	○	○	○
No.28	○	○	○	○	○
No.29	○	○	○	○	○
No.30	○	○	○	○	○

2 分類問題

基本問題編

「分類問題」では、与えられた情報を正確に分類するための判断力が求められます。問題には主に分類表が用いられますが、分類するものには、文字、数字や記号だけでなく、月日や温度などの日常的に使う情報もあります。出題のパターンはさまざまですが、どの問題においても、あわてず、落ち着いて解答を導きだすことが大切です。

「分類問題」で 出題される 問題パターン	**1** 数字の分類パターン
	2 範囲の中からの分類パターン
	3 情報からの分類パターン

1 数字の分類パターン

　　分類表にしたがい文字や数字を分類する問題です。分類表の中には誤答しやすいものが含まれていますので、あせらずに分類することが大切ですが、それと同時に時間をかけすぎないよう注意しましょう。

> 例題①　この問題は、与えられた数字を分類表にしたがって分類し、その欄のある選択肢の番号と同じ位置にマークするものです。
>
> （例題分類表）
>
> | 1 | 2 | 3 | 4 | 5 |
> |---|---|---|---|---|
> | 百の位が4
一の位が7 | 百の位が2
一の位が9 | 百の位が2
一の位が0 | 百の位が8
一の位が2 | 百の位が3
一の位が5 |
> | 百の位が0
一の位が4 | 百の位が6
一の位が1 | 百の位が3
一の位が3 | 百の位が9
一の位が7 | 百の位が1
一の位が8 |
> | 百の位が2
一の位が8 | 百の位が3
一の位が0 | 百の位が9
一の位が8 | 百の位が0
一の位が1 | 百の位が4
一の位が2 |
> | 百の位が9
一の位が5 | 百の位が7
一の位が2 | 百の位が5
一の位が1 | 百の位が3
一の位が7 | 百の位が8
一の位が6 |

例題　1601

　例題では、百の位が6、一の位が1になります。これが当てはまる欄は選択肢の「**2**」にありますので、マークは次のようになります。

→　例題①正答　　1 2 3 4 5　○ ● ○ ○ ○

(2) 範囲の中からの分類パターン

　分類表に示される範囲の中に含まれる、文字や数字を選ぶ問題です。問題を見たときに、分類表のどの箇所に着目すれば早く分類することができるかを、いかに見つけるかがポイントとなります。頻出問題を解き、問題に慣れておきましょう。

例題②　この問題は、与えられたアルファベットと数字の組み合わせを分類表にしたがって分類し、当てはまるカタカナを選び、そのカタカナのある選択肢の番号と同じ位置にマークするものです。

（例題分類表）

	692〜731 856〜873	802〜855 923〜987	732〜801 874〜922
A〜H	キ	ウ	イ
R〜Z	ア	エ	オ
I〜Q	ケ	カ	ク

例題　S－694

1	2	3	4	5
ア	イ	ウ	エ	オ

　例題では、「S」が「R〜Z」の行に区分され、「694」が「692〜731」のある列に区分されます。そしてその行と列が重なる箇所には「ア」がありますので、マークは次のようになります。

→　例題②正答　　1 2 3 4 5　● ○ ○ ○ ○

33

2 分類問題

③ 情報からの分類パターン

分類表にある複数の情報に当てはまる答えを選ぶ問題です。この問題は、分類表に「地名」や「面積」、「温度」などが使用されることがあります。似た情報が使われるので混乱しやすい問題ですが、あわてず、確実に解いていきましょう。

例題③　この問題は、気象に関する4つの要素（気温、湿度、風向、風速）のうちの2つについて、与えられた組み合わせを分類表にしたがって分類し、該当するひらがなを選び、そのひらがなのある選択肢の番号と同じ位置にマークするものです。

（例題分類表）

		気温(℃) 16〜22	湿度(%) 50〜74	気温(℃) 23〜28	湿度(%) 33〜47	気温(℃) 7〜14	湿度(%) 18〜32
風 向	東、南東		あ		い		う
風速(m/s)	8〜15						
風 向	南西、北		え		お		か
風速(m/s)	17〜24						
風 向	東、南		き		く		け
風速(m/s)	25〜31						

	1	2	3	4	5
例題　湿度　51%　風向　南東	き	け	え	あ	お

例題では、「湿度　51%」が「湿度　50〜74%」の列に区分され、「風向南東」が「風向　東、南東」の行に区分されます。そしてその列と行が重なる箇所には「あ」がありますので、マークは次のようになります。

→　例題③正答　　1 2 3 4 5
　　　　　　　　　○ ○ ○ ● ○

34

①数字の分類パターン

1 数字の分類パターン

ポイント

　数字の分類パターンは、分類表にしたがって与えられた情報を分類するという、「分類問題」の基本となる問題です。似た情報が羅列されており、間違いやすい問題となっているため、落ち着いて解くことが大切です。類題を解いて、正しく、早く解けるよう問題に慣れておきましょう。

STEP1　例題を解いてみよう！

　この問題は、与えられた数字を分類表にしたがって分類し、その欄のある選択肢の番号と同じ位置にマークするものです。

（例題分類表）

1	2	3	4	5
百の位が4 一の位が7	百の位が2 一の位が9	百の位が2 一の位が0	百の位が8 一の位が2	百の位が3 一の位が5
百の位が0 一の位が4	百の位が6 一の位が1	百の位が3 一の位が3	百の位が9 一の位が7	百の位が1 一の位が8
百の位が2 一の位が8	百の位が3 一の位が0	百の位が9 一の位が8	百の位が0 一の位が1	百の位が4 一の位が2
百の位が9 一の位が5	百の位が7 一の位が2	百の位が5 一の位が1	百の位が3 一の位が7	百の位が8 一の位が6

例題　　1601

　例題では、百の位が6、一の位が1になります。これが当てはまる欄は選択肢の「**2**」にありますので、マークは次のようになります。

→　例題正答　1 2 3 4 5
　　　　　　　○ ● ○ ○ ○

35

2 分類問題

（例題分類表）

1	2	3	4	5
百の位が4 一の位が7	百の位が2 一の位が9	百の位が2 一の位が0	百の位が8 一の位が2	百の位が3 一の位が5
百の位が8 一の位が1	百の位が5 一の位が8	百の位が7 一の位が9	百の位が4 一の位が0	百の位が9 一の位が2
百の位が2 一の位が6	百の位が3 一の位が7	百の位が1 一の位が5	百の位が5 一の位が7	百の位が3 一の位が1
百の位が0 一の位が4	百の位が6 一の位が1	百の位が3 一の位が3	百の位が9 一の位が7	百の位が1 一の位が8

例題1　　6357

解答欄 ⇨ 解答は次ページ

	1	2	3	4	5
例題1	○	○	○	○	○

STEP2　解説を読んで，ポイントをつかもう！

「分類問題」は問題の中に「使わない情報」がまぎれていることがあります。その情報を見極めることで、答えに早くたどり着くことができます。

この問題の場合、「千の位」と「十の位」の数字が「使わない情報」となります。

例題1　6 ③ 5 ⑦

ポイント スピードアップ

◎「使う情報」をセットで覚える
「使う情報」をセットで覚えて、そのセットを分類表から探しだすと、該当の欄をより早く見つけることができます。

「百の位が3」という条件が含まれる欄は、**2・3・5**にあり、

「一の位が7」という条件が含まれる欄は、**1・2・4**にあります。

1	2	3	4	5
百の位が4 一の位が7	百の位が2 一の位が9	百の位が2 一の位が0	百の位が8 一の位が2	百の位が3 一の位が5
百の位が8 一の位が1	百の位が5 一の位が8	百の位が7 一の位が9	百の位が4 一の位が0	百の位が9 一の位が2
百の位が2 一の位が6	百の位が3 一の位が7	百の位が1 一の位が5	百の位が5 一の位が7	百の位が3 一の位が1
百の位が0 一の位が4	百の位が6 一の位が1	百の位が3 一の位が3	百の位が9 一の位が7	百の位が1 一の位が8

①数字の分類パターン

2
分類問題

　例題1の場合、「6357」を分類表にならって言い換えると、「百の位が3・一の位が7」となり、これは「**2**」の欄の3つ目の欄にありますので、答えは「**2**」になります。

ポイント **ココを注意!**

①百か一のどちらかの位をすべてチェックし、該当する欄を書き出しましょう。
②もう一方の位は、①で該当した欄のみチェックします。
③　①と②に共通する欄が正解です。

解答

	1	2	3	4	5
例題1	○	●	○	○	○

STEP3 練習問題

問題

　この問題は、与えられた数字を分類表にしたがって分類し、その欄のある選択肢の番号と同じ位置にマークするものです。

（例題分類表）

1	2	3	4	5
百の位が4 一の位が7	百の位が2 一の位が9	百の位が2 一の位が0	百の位が8 一の位が2	百の位が3 一の位が5
百の位が0 一の位が4	百の位が6 一の位が1	百の位が3 一の位が3	百の位が9 一の位が7	百の位が1 一の位が8
百の位が2 一の位が8	百の位が3 一の位が0	百の位が9 一の位が8	百の位が0 一の位が1	百の位が4 一の位が2
百の位が9 一の位が5	百の位が7 一の位が2	百の位が5 一の位が1	百の位が3 一の位が7	百の位が8 一の位が6

　例題　1601

　例題では、百の位が6、一の位が1になります。これが当てはまる欄は選択肢の「**2**」にありますので、マークは次のようになります。

→　例題正答

	1	2	3	4	5
	○	●	○	○	○

37

2 分類問題

（分類表）

1	2	3	4	5
百の位が7 一の位が1	百の位が6 一の位が7	百の位が5 一の位が0	百の位が9 一の位が7	百の位が2 一の位が4
百の位が6 一の位が3	百の位が3 一の位が5	百の位が4 一の位が2	百の位が1 一の位が6	百の位が0 一の位が9
百の位が9 一の位が1	百の位が5 一の位が6	百の位が1 一の位が4	百の位が8 一の位が3	百の位が6 一の位が2
百の位が2 一の位が7	百の位が3 一の位が9	百の位が8 一の位が0	百の位が5 一の位が8	百の位が4 一の位が5

No. 1 　9359

No. 2 　4114

No. 3 　3294

No. 4 　7961

No. 5 　3425

No. 6 　9267

No. 7 　1803

No. 8 　3518

No. 9 　7345

No.10 　1196

解答欄 ⇨ 解答は230ページ

	1	2	3	4	5
No. 1	○	○	○	○	○
No. 2	○	○	○	○	○
No. 3	○	○	○	○	○
No. 4	○	○	○	○	○
No. 5	○	○	○	○	○
No. 6	○	○	○	○	○
No. 7	○	○	○	○	○
No. 8	○	○	○	○	○
No. 9	○	○	○	○	○
No.10	○	○	○	○	○

①数字の分類パターン

2 分類問題

（分類表）

1	2	3	4	5
百の位が4 一の位が3	百の位が2 一の位が2	百の位が9 一の位が6	百の位が3 一の位が1	百の位が1 一の位が8
百の位が0 一の位が4	百の位が5 一の位が7	百の位が3 一の位が9	百の位が7 一の位が5	百の位が6 一の位が0
百の位が7 一の位が8	百の位が8 一の位が5	百の位が1 一の位が7	百の位が4 一の位が2	百の位が2 一の位が9
百の位が1 一の位が0	百の位が5 一の位が3	百の位が8 一の位が0	百の位が6 一の位が4	百の位が9 一の位が3

No.11   2432

No.12   8513

No.13   9262

No.14   1170

No.15   4309

No.16   1381

No.17   5640

No.18   6024

No.19   3973

No.20   4810

解答欄	⇨ 解答は230ページ

	1	2	3	4	5
No.11	◯	◯	◯	◯	◯
No.12	◯	◯	◯	◯	◯
No.13	◯	◯	◯	◯	◯
No.14	◯	◯	◯	◯	◯
No.15	◯	◯	◯	◯	◯
No.16	◯	◯	◯	◯	◯
No.17	◯	◯	◯	◯	◯
No.18	◯	◯	◯	◯	◯
No.19	◯	◯	◯	◯	◯
No.20	◯	◯	◯	◯	◯

2 分類問題

（分類表）

1	2	3	4	5
百の位が7 一の位が5	百の位が1 一の位が4	百の位が5 一の位が0	百の位が4 一の位が2	百の位が9 一の位が4
百の位が8 一の位が2	百の位が0 一の位が7	百の位が8 一の位が6	百の位が2 一の位が8	百の位が3 一の位が3
百の位が9 一の位が1	百の位が4 一の位が8	百の位が3 一の位が4	百の位が1 一の位が5	百の位が7 一の位が1
百の位が3 一の位が6	百の位が2 一の位が7	百の位が0 一の位が9	百の位が4 一の位が7	百の位が6 一の位が8

No.21　　2812

No.22　　4353

No.23　　7217

No.24　　9482

No.25　　0124

No.26　　0560

No.27　　7354

No.28　　1278

No.29　　6951

No.30　　8832

解答欄 ⇨ 解答は230ページ

	1	2	3	4	5
No.21	○	○	○	○	○
No.22	○	○	○	○	○
No.23	○	○	○	○	○
No.24	○	○	○	○	○
No.25	○	○	○	○	○
No.26	○	○	○	○	○
No.27	○	○	○	○	○
No.28	○	○	○	○	○
No.29	○	○	○	○	○
No.30	○	○	○	○	○

①数字の分類パターン

2
分類問題

（分類表）

1	2	3	4	5
百の位が4 一の位が2	百の位が0 一の位が2	百の位が2 一の位が1	百の位が3 一の位が1	百の位が4 一の位が4
百の位が3 一の位が5	百の位が1 一の位が8	百の位が6 一の位が7	百の位が2 一の位が5	百の位が0 一の位が3
百の位が6 一の位が1	百の位が7 一の位が8	百の位が4 一の位が5	百の位が1 一の位が1	百の位が9 一の位が2
百の位が2 一の位が6	百の位が9 一の位が7	百の位が8 一の位が8	百の位が6 一の位が0	百の位が5 一の位が3

No.31　　2942

No.32　　4052

No.33　　2271

No.34　　2131

No.35　　9246

No.36　　2690

No.37　　8738

No.38　　6205

No.39　　1912

No.40　　2435

解答欄 ⇨ 解答は230ページ

	1	2	3	4	5
No.31	◯	◯	◯	◯	◯
No.32	◯	◯	◯	◯	◯
No.33	◯	◯	◯	◯	◯
No.34	◯	◯	◯	◯	◯
No.35	◯	◯	◯	◯	◯
No.36	◯	◯	◯	◯	◯
No.37	◯	◯	◯	◯	◯
No.38	◯	◯	◯	◯	◯
No.39	◯	◯	◯	◯	◯
No.40	◯	◯	◯	◯	◯

2 分類問題

2 範囲の中からの分類パターン

ポイント

　分類表にしたがって、行（表の横の欄）と列（表の縦の欄）の情報に示される範囲に分類する問題です。行と列、2つの情報を必要とします。この問題では、主に数字、ひらがな、アルファベットなどの組み合わせが範囲として用いられます。一方の範囲を読み違えて解答を間違えるといったことがないよう、2つの範囲を確実に分類しましょう。

STEP1 例題を解いてみよう！

　この問題は、与えられたアルファベットと数字の組み合わせを分類表にしたがって分類し、当てはまるカタカナを選び、そのカタカナのある選択肢の番号と同じ位置にマークするものです。

（例題分類表）

	692～731 856～873	802～855 923～987	732～801 874～922
A～H	キ	ウ	イ
R～Z	ア	エ	オ
I～Q	ケ	カ	ク

	1	2	3	4	5
例題　S－694	ア	イ	ウ	エ	オ

　例題では、「S」が「R～Z」の行に区分され、「694」が「692～731」のある列に区分されます。そしてその行と列が重なる箇所には「ア」がありますので、マークは次のようになります。

→　例題正答　　**1** 2 3 4 5
　　　　　　　　● ○ ○ ○ ○

42

②範囲の中からの分類パターン

2 分類問題

（例題分類表）

	692～731 856～873	802～855 923～987	732～801 874～922
A～H	キ	ウ	イ
R～Z	ア	エ	オ
I～Q	ケ	カ	ク

	1	2	3	4	5
例題1　E － 776	ア	イ	ウ	エ	オ

解答欄 ⇨ 解答は次ページ

	1	2	3	4	5
例題1	○	○	○	○	○

STEP2 解説を読んで，ポイントをつかもう！

　アルファベットと数字の2つの情報から分類する問題です。このような問題は、「分類問題」の中でも比較的、出題頻度が高いので、慣れておくことが大切です。

　例題1のE－776の場合、700台の番号を示す段は、左段の上と右段の上しかありません。そして776は右段の上に含まれます。

百の位に注目

	692～731 856～873	802～855 923～987	732～801 874～922
A～H	キ	ウ	イ
R～Z	ア	エ	オ
I～Q	ケ	カ	ク

　アルファベットのEは、アルファベットを示す段「A～H」に含まれます。
　結果、例題1の分類は「イ」となり、答えは**2**となります。

　アルファベットの順番は必ず覚えておきましょう。

43

2 分類問題

　この問題は、早さと正確さが求められます。アルファベットの順番や数字の範囲で迷わずに、分類を直感的に行い素早く解けるようになることが大切です。しかし、アルファベットと数字、どちらかの分類を間違えてしまうと正解にたどり着けませんので、慎重さも忘れずに。

ポイント ココを注意！

自分が得意とする範囲から分類していくと、間違いを減らすことができます。アルファベットは、ひらがなやカタカナと同じように、26文字の順番を必ず覚えましょう。

解 答

	1	2	3	4	5
例題1	○	●	○	○	○

STEP3 練習問題

問 題

　この問題は、与えられたアルファベットと数字の組み合わせを分類表にしたがって分類し、当てはまるカタカナを選び、そのカタカナのある選択肢の番号と同じ位置にマークするものです。

（例題分類表）

	692〜731 856〜873	802〜855 923〜987	732〜801 874〜922
A〜H	キ	ウ	イ
R〜Z	ア	エ	オ
I〜Q	ケ	カ	ク

	1	2	3	4	5
例題　S − 694	ア	イ	ウ	エ	オ

　例題では、「S」が「R〜Z」の行に区分され、「694」が「692〜731」のある列に区分されます。そしてその行と列が重なる箇所には「ア」がありますので、マークは次のようになります。

→ 例題正答

	1	2	3	4	5
	●	○	○	○	○

44

②範囲の中からの分類パターン

2
分類問題

（分類表）

	118～192 302～371	372～450 575～661	193～301 451～574
S～Z	ク	ア	オ
A～L	イ	カ	エ
M～R	キ	ウ	ケ

		1	2	3	4	5
No. 1	G － 165	カ	エ	イ	キ	ク
No. 2	W － 299	オ	イ	ア	ク	ウ
No. 3	N － 609	ア	ウ	オ	キ	ケ
No. 4	B － 430	ア	イ	エ	オ	カ
No. 5	O － 483	オ	ケ	キ	ウ	エ
No. 6	T － 194	カ	キ	ク	オ	ア
No. 7	C － 369	ケ	ウ	カ	キ	イ
No. 8	H － 531	イ	ア	エ	カ	オ
No. 9	S － 205	ア	エ	オ	ク	ケ
No.10	V － 586	ア	カ	イ	オ	ク

解答欄 ⇨ 解答は230ページ

	1	2	3	4	5
No. 1	○	○	○	○	○
No. 2	○	○	○	○	○
No. 3	○	○	○	○	○
No. 4	○	○	○	○	○
No. 5	○	○	○	○	○
No. 6	○	○	○	○	○
No. 7	○	○	○	○	○
No. 8	○	○	○	○	○
No. 9	○	○	○	○	○
No.10	○	○	○	○	○

2 分類問題

（分類表）

	714〜798 308〜345	799〜853 481〜561	346〜480 562〜713
O〜V	ア	オ	カ
A〜N	ク	エ	イ
W〜Z	キ	ウ	ケ

		1	2	3	4	5
No.11	Y － 442	ケ	ウ	キ	イ	カ
No.12	P － 329	イ	オ	ア	ウ	エ
No.13	T － 560	オ	ア	ク	カ	ケ
No.14	E － 733	イ	エ	カ	ク	ケ
No.15	W － 830	キ	ウ	オ	ア	エ
No.16	I － 467	ク	エ	ウ	カ	イ
No.17	U － 615	ア	ウ	オ	カ	イ
No.18	X － 318	ケ	ア	キ	エ	イ
No.19	B － 497	ク	ウ	オ	エ	ア
No.20	L － 761	カ	エ	キ	イ	ク

②範囲の中からの分類パターン

2 分類問題

（分類表）

	241〜328 477〜502	100〜180 329〜411	412〜476 181〜240
Q〜Z	オ	エ	イ
G〜P	カ	ウ	キ
A〜F	ケ	ク	ア

		1	2	3	4	5
No.21	R − 483	イ	オ	カ	キ	ケ
No.22	F − 192	ケ	イ	ク	キ	ア
No.23	B − 308	ク	ア	エ	ケ	イ
No.24	T − 433	ア	オ	イ	ウ	ク
No.25	H − 316	カ	エ	ウ	イ	ア
No.26	N − 333	ク	ウ	キ	エ	カ
No.27	V − 177	ウ	エ	ケ	ア	オ
No.28	C − 475	イ	ク	キ	ア	ケ
No.29	E − 146	ク	オ	エ	ウ	ア
No.30	O − 221	カ	ウ	キ	ア	イ

解答欄 ⇨ 解答は230ページ

	1	2	3	4	5
No.21	○	○	○	○	○
No.22	○	○	○	○	○
No.23	○	○	○	○	○
No.24	○	○	○	○	○
No.25	○	○	○	○	○
No.26	○	○	○	○	○
No.27	○	○	○	○	○
No.28	○	○	○	○	○
No.29	○	○	○	○	○
No.30	○	○	○	○	○

2 分類問題

（分類表）

	619～731 503～529	530～618 293～382	383～502 208～292
A～J	ク	カ	ケ
U～Z	キ	ア	ウ
K～T	エ	イ	オ

		1	2	3	4	5
No.31	M － 622	イ	エ	オ	カ	キ
No.32	D － 508	ク	カ	ア	ケ	イ
No.33	W － 286	ウ	エ	オ	カ	ケ
No.34	M － 381	エ	オ	イ	ク	ア
No.35	S － 275	ア	イ	ウ	エ	オ
No.36	Y － 714	ア	キ	ケ	カ	イ
No.37	A － 620	オ	カ	キ	ク	ケ
No.38	I － 399	オ	カ	ケ	ウ	ク
No.39	V － 541	ク	オ	キ	ア	イ
No.40	G － 583	ケ	エ	イ	ウ	カ

解答欄 ⇨ 解答は230ページ

	1	2	3	4	5
No.31	◯	◯	◯	◯	◯
No.32	◯	◯	◯	◯	◯
No.33	◯	◯	◯	◯	◯
No.34	◯	◯	◯	◯	◯
No.35	◯	◯	◯	◯	◯
No.36	◯	◯	◯	◯	◯
No.37	◯	◯	◯	◯	◯
No.38	◯	◯	◯	◯	◯
No.39	◯	◯	◯	◯	◯
No.40	◯	◯	◯	◯	◯

②範囲の中からの分類パターン

2 分類問題

（分類表）

	645～703 162～213	226～321 580～642	506～572 335～407
I～P	ケ	ウ	エ
A～H	オ	イ	カ
Q～Z	ア	ク	キ

		1	2	3	4	5
No.41	I － 229	ア	オ	カ	ウ	エ
No.42	B － 340	ク	ケ	イ	ア	カ
No.43	R － 591	ク	エ	オ	ケ	ア
No.44	K － 511	キ	エ	カ	ウ	ク
No.45	T － 615	ウ	イ	ク	カ	キ
No.46	S － 682	キ	カ	ア	ウ	イ
No.47	D － 302	エ	オ	イ	カ	ケ
No.48	L － 400	エ	カ	イ	ウ	ア
No.49	Z － 521	イ	ア	エ	ケ	キ
No.50	E － 287	エ	イ	カ	ク	オ

解答欄 ⇨ 解答は230ページ

	1	2	3	4	5
No.41	○	○	○	○	○
No.42	○	○	○	○	○
No.43	○	○	○	○	○
No.44	○	○	○	○	○
No.45	○	○	○	○	○
No.46	○	○	○	○	○
No.47	○	○	○	○	○
No.48	○	○	○	○	○
No.49	○	○	○	○	○
No.50	○	○	○	○	○

2 分類問題

3 情報からの分類パターン

ポイント

　アルファベットや数字ではなく、気象や地理などについての情報から分類する問題です。とはいっても、与えられる情報自体に意味はありません。その情報がどの欄に分類されるのかがカギになります。解き慣れていないとあわててしまうかもしれません。落ち着いて解きましょう。

STEP1　例題を解いてみよう！

　この問題は、気象に関する4つの要素（気温、湿度、風向、風速）のうちの2つについて、与えられた組み合わせを分類表にしたがって分類し、該当するひらがなを選び、そのひらがなのある選択肢の番号と同じ位置にマークするものです。

（例題分類表）

		気温(℃) 16〜22	湿度(%) 50〜74	気温(℃) 23〜28	湿度(%) 33〜47	気温(℃) 7〜14	湿度(%) 18〜32
風 向	東、南東	あ		い		う	
風速(m/s)	8〜15						
風 向	南西、北	え		お		か	
風速(m/s)	17〜24						
風 向	東、南	き		く		け	
風速(m/s)	25〜31						

	1	2	3	4	5
例題　湿度　51%　風向　南東	き	け	え	あ	お

　例題では、「湿度　51%」が「湿度　50〜74%」の列に区分され、「風向　南東」が「風向　東、南東」の行に区分されます。そしてその列と行が重なる箇所には「あ」がありますので、マークは次のようになります。

→　例題正答

1	2	3	4	5
○	○	○	●	○

50

③情報からの分類パターン

（例題分類表）

		気温(℃) 30〜39	湿度(%) 50〜74	気温(℃) 10〜19	湿度(%) 25〜49	気温(℃) 0〜9	湿度(%) 0〜24
風　向	東、南東	あ		い		う	
風速(m/s)	0〜9						
風　向	西、北西	え		お		か	
風速(m/s)	10〜19						
風　向	南、西南	き		く		け	
風速(m/s)	20〜25						

例題1　　風向　北西　気温　6℃

1	2	3	4	5
い	え	お	か	き

解答欄 ⇨ 解答は次ページ

　　　　　1　2　3　4　5
例題1　　○　○　○　○　○

STEP2　解説を読んで、ポイントをつかもう！

　風向、風速、気温、湿度という、気象に関する情報を分類する問題です。似た情報が並ぶため混乱しやすい問題ですが、ひとつひとつ確実に解いていきましょう。

　例題1の場合は、「風向　北西」「気温　6℃」という情報が与えられます。
　この分類表の場合、「北」がつく「風向」は、真ん中の段にしかありません。

		気温(℃) 30〜39	湿度(%) 50〜74	気温(℃) 10〜19	湿度(%) 25〜49	気温(℃) 0〜9	湿度(%) 0〜24
風　向	東、南東	あ		い		う	
風速(m/s)	0〜9						
風　向	西、北西	え		お		か	
風速(m/s)	10〜19						
風　向	南、西南	き		く		け	
風速(m/s)	20〜25						

　例題1では、「風向」の情報だけで、分類される範囲は「え」か「お」か「か」だと判断することができます。そして、「気温　6℃」は、右の段にある「気温　0〜9」に含まれますから、例題1の答えは「か」の「**4**」になります。

2 分類問題

　気温の情報を湿度の情報で分類してしまうなど、ケアレスミスもしやすい問題です。情報を見誤らないよう注意しましょう。

ポイント ココを注意！

分類の項目が日常の生活に関連しています。なじみがある言葉ならば、戸惑うことはありませんので、普段から言葉に関心を持つように心がけましょう。

解答

	1	2	3	4	5
例題1	○	○	○	●	○

STEP3 練習問題

問題

　この問題は、気象に関する4つの要素（気温、湿度、風向、風速）のうちの2つについて、与えられた組み合わせを分類表にしたがって分類し、該当するひらがなを選び、そのひらがなのある選択肢の番号と同じ位置にマークするものです。

（例題分類表）

		気温(℃) 16〜22	湿度(%) 50〜74	気温(℃) 23〜28	湿度(%) 33〜47	気温(℃) 7〜14	湿度(%) 18〜32
風向 風速(m/s)	東、南東 8〜15	あ		い		う	
風向 風速(m/s)	南西、北 17〜24	え		お		か	
風向 風速(m/s)	東、南 25〜31	き		く		け	

1	2	3	4	5
き	け	え	あ	お

　例題　湿度　51%　風向　南東

　例題では、「湿度　51％」が「湿度　50〜74％」の列に区分され、「風向　南東」が「風向　東、南東」の行に区分されます。そしてその列と行が重なる箇所には「あ」がありますので、マークは次のようになります。

→　例題正答

1	2	3	4	5
○	○	○	●	○

52

③情報からの分類パターン

（分類表）

		気温（℃）25〜36	湿度（％）40〜60	気温（℃）19〜24	湿度（％）61〜80	気温（℃）8〜18	湿度（％）81〜99
風 向	北、東	あ		い		う	
風速（m/s）	20〜28						
風 向	南、北西	え		お		か	
風速（m/s）	13〜19						
風 向	西、南東	き		く		け	
風速（m/s）	0〜12						

						1	2	3	4	5
No. 1	風向	東	気温	18℃		か	け	あ	う	お
No. 2	湿度	82％	風向	西		き	お	け	く	か
No. 3	気温	32℃	風速	27 m/s		あ	お	い	え	う
No. 4	湿度	45％	風速	19 m/s		か	え	く	あ	い
No. 5	風向	北西	気温	10℃		く	か	い	え	お
No. 6	風向	西	湿度	63％		け	か	あ	う	く
No. 7	気温	22℃	風向	南東		あ	え	く	い	う
No. 8	湿度	70％	風速	28 m/s		え	お	か	き	い
No. 9	風向	南	気温	25℃		き	あ	か	え	お
No.10	気温	20℃	風速	22 m/s		い	う	お	き	く

解答欄 ⇨ 解答は231ページ

	1	2	3	4	5		1	2	3	4	5
No. 1	○	○	○	○	○	No. 6	○	○	○	○	○
No. 2	○	○	○	○	○	No. 7	○	○	○	○	○
No. 3	○	○	○	○	○	No. 8	○	○	○	○	○
No. 4	○	○	○	○	○	No. 9	○	○	○	○	○
No. 5	○	○	○	○	○	No.10	○	○	○	○	○

2 分類問題

（分類表）

		気温(℃)	湿度(%)	気温(℃)	湿度(%)	気温(℃)	湿度(%)
		2〜12	21〜40	25〜30	41〜60	13〜24	10〜20
風　向	東、南	あ		い		う	
風速(m/s)	1〜8						
風　向	北、北東	え		お		か	
風速(m/s)	9〜14						
風　向	西、南東	き		く		け	
風速(m/s)	15〜22						

					1	2	3	4	5
No.11	気温	30℃	風向	西	く	け	あい	う	え
No.12	気温	4℃	風速	10 m/s	か	え	あい	おう	く
No.13	湿度	40%	風向	東	いか	お	あ	うう	え
No.14	気温	18℃	風向	北東	か	お	あ	う	え
No.15	風向	南	気温	23℃	け	き	く	かか	う
No.16	湿度	48%	風向	東	きい	え	う	け	い
No.17	風速	20 m/s	湿度	32%	い	く	あ	き	え
No.18	風速	17 m/s	気温	13℃	お	か	け	え	く
No.19	風向	北	気温	28℃	あく	いけ	うい	おあ	かき
No.20	湿度	12%	風向	南東					

解答欄 ⇨ 解答は231ページ

	1	2	3	4	5		1	2	3	4	5
No.11	○	○	○	○	○	No.16	○	○	○	○	○
No.12	○	○	○	○	○	No.17	○	○	○	○	○
No.13	○	○	○	○	○	No.18	○	○	○	○	○
No.14	○	○	○	○	○	No.19	○	○	○	○	○
No.15	○	○	○	○	○	No.20	○	○	○	○	○

③情報からの分類パターン

2 分類問題

（分類表）

		気温(℃)	湿度(%)	気温(℃)	湿度(%)	気温(℃)	湿度(%)
		19〜23	1〜25	24〜28	40〜54	12〜18	26〜39
風 向	北東、南西	あ		い		う	
風速(m/s)	21〜40						
風 向	南東、北	え		お		か	
風速(m/s)	0〜20						
風 向	北西、東	き		く		け	
風速(m/s)	41〜50						

						1	**2**	**3**	**4**	**5**
No.21	風向	北東	気温	19℃		え	あ	お	か	く
No.22	湿度	18%	風向	南東		お	え	き	い	け
No.23	風向	北西	湿度	30%		あ	か	く	け	お
No.24	風速	48 m/s	気温	24℃		お	う	く	あ	い
No.25	気温	27℃	風向	南西		い	う	え	お	か
No.26	湿度	54%	風向	北		お	き	あ	く	け
No.27	気温	14℃	風速	8m/s		け	か	う	い	き
No.28	風向	東	湿度	42%		あ	け	い	え	く
No.29	風速	42 m/s	湿度	51%		か	お	く	う	え
No.30	気温	22℃	風速	25 m/s		お	え	う	い	あ

解答欄 ⇨ 解答は231ページ

	1	2	3	4	5		1	2	3	4	5
No.21	○	○	○	○	○	No.26	○	○	○	○	○
No.22	○	○	○	○	○	No.27	○	○	○	○	○
No.23	○	○	○	○	○	No.28	○	○	○	○	○
No.24	○	○	○	○	○	No.29	○	○	○	○	○
No.25	○	○	○	○	○	No.30	○	○	○	○	○

2 分類問題

（分類表）

		気温(℃) 29〜35	湿度(%) 60〜79	気温(℃) 20〜28	湿度(%) 15〜29	気温(℃) 36〜44	湿度(%) 30〜59
風　向	南東、西	あ		い		う	
風速(m/s)	0〜5						
風　向	東、南西	え		お		か	
風速(m/s)	9〜13						
風　向	北、北西	き		く		け	
風速(m/s)	6〜8						

No.						1	2	3	4	5
No.31	湿度	15%	風速	0m/s		か	あ	え	お	い
No.32	気温	22℃	風速	7m/s		く	け	あ	う	え
No.33	気温	29℃	風向	南西		け	く	き	え	あ
No.34	風向	西	気温	34℃		あ	い	う	え	お
No.35	湿度	43%	風速	2m/s		け	う	く	か	き
No.36	風速	9m/s	湿度	16%		う	き	お	あ	え
No.37	風向	北西	気温	20℃		え	け	い	う	く
No.38	湿度	68%	風速	3m/s		お	え	う	あ	い
No.39	気温	26℃	風向	東		あ	お	う	く	け
No.40	風向	南東	湿度	28%		く	き	い	え	お

解答欄　⇨ 解答は231ページ

	1	2	3	4	5		1	2	3	4	5
No.31	○	○	○	○	○	No.36	○	○	○	○	○
No.32	○	○	○	○	○	No.37	○	○	○	○	○
No.33	○	○	○	○	○	No.38	○	○	○	○	○
No.34	○	○	○	○	○	No.39	○	○	○	○	○
No.35	○	○	○	○	○	No.40	○	○	○	○	○

③情報からの分類パターン

2 分類問題

（分類表）

		気温（℃）	湿度（%）	気温（℃）	湿度（%）	気温（℃）	湿度（%）
		14～18	7～32	19～23	47～61	8～13	33～46
風 向	北、西	あ		い		う	
風速（m/s）	22～35						
風 向	南西、北	え		お		か	
風速（m/s）	6～21						
風 向	西南、東	き		く		け	
風速（m/s）	36～44						

					1	2	3	4	5
No.41	風向 東	湿度 15%			い	け	き	え	く
No.42	湿度 11%	風向 南西			お	あ	き	え	い
No.43	風向 北	気温 23℃			か	く	け	い	あ
No.44	風速 38 m/s	気温 14℃			え	く	き	い	か
No.45	湿度 55%	風速 12 m/s			お	え	く	き	か
No.46	湿度 44%	風向 西			お	う	か	け	え
No.47	気温 14℃	風速 23m/s			う	あ	い	く	え
No.48	風向 東	湿度 33%			か	い	き	く	け
No.49	風向 西南	湿度 36%			け	き	お	あ	い
No.50	気温 16℃	風向 南西			う	い	あ	き	え

解答欄 ⇨ 解答は231ページ

	1	2	3	4	5		1	2	3	4	5
No.41	○	○	○	○	○	No.46	○	○	○	○	○
No.42	○	○	○	○	○	No.47	○	○	○	○	○
No.43	○	○	○	○	○	No.48	○	○	○	○	○
No.44	○	○	○	○	○	No.49	○	○	○	○	○
No.45	○	○	○	○	○	No.50	○	○	○	○	○

57

基本問題編

3 照合問題

「照合問題」では、情報を照らし合わせて、間違いがないか、異なる箇所はいくつかなどが問われます。注意深く見る観察力が必要となります。

　見間違いによるミスだけでなく、見落としによるミスもしやすい問題となっています。1度の確認で間違っている箇所や異なる箇所を正確に見つけられるよう、類題を解き「照合問題」に慣れておきましょう。

「照合問題」で 出題される 問題パターン	**①** 数字とアルファベットの照合パターン
	② 情報の照合パターン
	③ 文章の照合パターン

① 数字とアルファベットの照合パターン

　数字またはアルファベットの羅列や、数字とアルファベットの組み合わせなどを照らし合わせる問題です。照合の基本となる問題で、応用して複合問題にも出題されるため、ケアレスミスをしないで、かつ、素早く解けるように問題に慣れておきましょう。

例題①　この問題は、与えられた数字とアルファベットの組み合わせと同じ組み合わせがある選択肢の番号と同じ位置にマークするものです。

	1	**2**	**3**	**4**	**5**
例題　682–MASW	681–MASW	628–MASW	682–WASM	682–MASW	628–MWAS

　例題では、与えられた組み合わせ「682–MASW」と同じ組み合わせは「**4**」にありますので、マークは次のようになります。

→　例題①正答　①②③●⑤ （1 2 3 **4** 5）

58

② 情報の照合パターン

地名や人名など、言葉で示される情報を照合する問題です。見慣れた言葉が用いられる場合も多く、比較的とりかかりやすい問題といえます。照合する項目が多いため、できるだけ時間をかけずに異なる情報を見つけだすことがポイントです。

例題② この問題は、人物に関する4つの要素（名字、誕生年、身長、体重）の情報を見比べ、異なっている箇所を見つけ、異なる箇所が名字ならば1、誕生年ならば2、身長であれば3、体重であれば4、異なる場所がなければ5とマークする問題です。

	名字	誕生年	身長	体重	名字	誕生年	身長	体重
例題	大野	1961	165.3	58.2	大野	1961	165.3	56.2

例題では、体重の「58.2」と「56.2」が異なっていますので、マークは次のようになります。

→ 例題②正答　1 2 3 **4** 5

---

③ 文章の照合パターン

13文字程度からなる左右の文章を見比べて異なる文字数を答える問題です。似ている字や同じ音の字、意味が同じ言葉など、異なる箇所はさまざまです。日ごろから本を読むなど文章に慣れ、間違った言葉に違和感をもてるようになることが大切です。

例題③ この問題は、与えられた左右の文を見比べて、異なる文字の数を答える問題です。ただし、異なる文字がない場合は5とします。

例題 紅茶を美味しく飲むためには　　紅茶を美味しく飲むためとは

例題では、最後から2文字目の「に」と「と」の1字が異なっていますので、マークは次のようになります。

→ 例題③正答　**1** 2 3 4 5

3 照合問題

1 数字とアルファベットの照合パターン

> **ポイント**
>
> 　数字とアルファベットの照合パターンは、数字とアルファベットの組み合わせを照合する、「照合問題」の基本となる問題です。
> 　似ている数字や似ているアルファベット、文字の並びが逆になっている組み合わせなどに注意しながら、5つの選択肢から正しいものを素早く選べるようになりましょう。

STEP1 例題を解いてみよう！

　この問題は、与えられた数字とアルファベットの組み合わせと同じ組み合わせがある選択肢の番号と同じ位置にマークするものです。

	1	2	3	4	5
例題　682-MASW	681-MASW	628-MASW	682-WASM	682-MASW	628-MWAS

　例題では、与えられた組み合わせ「682-MASW」と同じ組み合わせは「**4**」にありますので、マークは次のようになります。

→　例題正答　① ② ③ ● ⑤

		1	2	3	4	5
例題1	469-AXDV	496-AXDW	469-AXDV	496-AXDV	469-AXIV	946-AXDV
例題2	267-FOIM	262-FOIM	267-FOIF	167-FOIM	276-FOIM	267-FOIM

解答欄 ⇨ 解答は次ページ

	1	2	3	4	5
例題1	○	○	○	○	○
例題2	○	○	○	○	○

①数字とアルファベットの照合パターン

STEP2 解説を読んで，ポイントをつかもう！

数字とアルファベットの似た組み合わせが並んでいます。
与えられた組み合わせと同じものを見つけだすために、**1～5**の選択肢の組み合わせをそれぞれ確認しなければなりません。

まずは数字かアルファベット、どちらかの情報だけを確認しましょう。
例題**1**では、数字から確認すると、「469」の順に数字が並んでいるものは、**2**と**4**だとわかります。似た並びの数字はありますが、「469」の順に並んでいるものは、5つ中2つだけなのです。

	1	2	3	4	5
例題1　469-AXDV	496-AXDW	469-AXDV	496-AXDV	469-AXIV	946-AXDV

そこから、アルファベットの「AXDV」を照合すると、正解の「**2**」を導きだすことができます。

◎組み合わせを"音"で照合する解き方
例題2の場合、「FOIM」を「エフ・オー・アイ・エム」と読むのではなく「フォイム」と読むこともできます。
「267」も同様に「2・6・7」と数字で覚えるのではなく「にろな」や「ふむな」など音で覚えることもできます。
問題を解きながら、自分にあった解き方を見つけましょう。

ポイント スピードアップ
「FOIM」→「フォイム」、「267」→「にろな」など"語呂合せ"を意識して音で照合してみましょう。

ポイント ココを注意！
数字かアルファベットの、どちらか1つの情報にしぼり、照合しましょう。
アルファベットは、1つの「かたまり」として発音できるものは「かたまり」として考えてみましょう。

【解答】

3 照合問題

STEP3 練習問題

問 題

この問題は、与えられた数字とアルファベットの組み合わせと同じ組み合わせがある選択肢の番号と同じ位置にマークするものです。

	1	2	3	4	5
例題　682-MASW	681-MASW	628-MASW	682-WASM	682-MASW	628-MWAS

例題では、与えられた組み合わせ「682-MASW」と同じ組み合わせは「**4**」にありますので、マークは次のようになります。

→ 例題正答　　1　2　3　**4**　5　○　○　○　●　○

		1	2	3	4	5
No. 1	652-QFAR	652-QAFR	652-QFAR	552-QAFR	625-QFFR	652-AQAR
No. 2	145-IJNT	145-IJTN	145-TNIJ	145-IJNT	245-IJNT	154-IJNT
No. 3	262-BPTS	261-BPNT	262-BPHS	266-BPIS	262-PBTS	262-BPTS
No. 4	971-KEGO	971-KEGO	970-KEGO	971-EKOG	970-KGOE	971-KEOG
No. 5	819-YXKJ	891-YXKY	819-XYKJ	819-YXKJ	918-YXKJ	818-YKXJ
No. 6	453-LZIW	452-LZWI	453-LZIW	543-LZIW	453-LZJN	455-IZLW
No. 7	297-WKMN	397-ZKMN	297-NKMW	397-WKMM	297-QNKM	297-WKMN
No. 8	685-FQUA	695-EQUA	685-EQUA	685-FQUV	685-FQUA	684-FQUA
No. 9	134-AWVM	134-AWVM	124-AMVM	135-AWVM	125-AWMV	134-AVWM
No.10	958-ULOD	958-ULOD	968-ULOD	988-UOLD	958-UODL	958-UDOL

解答欄　⇨ 解答は231ページ

	1	2	3	4	5			1	2	3	4	5
No. 1	○	○	○	○	○		No. 6	○	○	○	○	○
No. 2	○	○	○	○	○		No. 7	○	○	○	○	○
No. 3	○	○	○	○	○		No. 8	○	○	○	○	○
No. 4	○	○	○	○	○		No. 9	○	○	○	○	○
No. 5	○	○	○	○	○		No.10	○	○	○	○	○

①数字とアルファベットの照合パターン

3 照合問題

		1	2	3	4	5
No.11	369–JFIH	369–JFHI	369–JFIH	396–JFIH	366–JEIH	369–JEJH
No.12	401–AYKQ	401–AKYQ	409–AYKQ	401–AYKQ	411–AYKQ	401–ANKQ
No.13	726–CGXB	726–CGYB	725–OGXB	725–CGXB	726–CGXB	726–GCXB
No.14	993–RKYA	993–RYKA	993–RKYA	993–KRYA	983–RKYA	992–RKYA
No.15	610–UXOS	610–UXOO	511–UXOS	510–UXOS	610–UXOS	610–UXSO
✔ No.16	744–KPBU	741–KPBU	774–KPBV	747–KBPU	744–KPUB	744–KPBU
No.17	174–VOHQ	174–VOHQ	177–VOHO	174–VQHO	714–VOHQ	147–VOHP
No.18	328–BTFH	328–BTHF	328–BFTH	328–BTFH	382–BTFH	338–BFTH
No.19	519–PEJP	519–PEPJ	518–PEJP	519–PJEP	519–PEJP	518–EJPP
No.20	422–EIGC	422–EICG	442–EIGC	424–IEGC	422–EICC	422–EIGC

		1	2	3	4	5
No.21	272–TEFZ	272–FETZ	277–TETZ	272–TEFZ	277–TEZF	272–TFZE
No.22	803–DVON	802–DVON	803–DVON	803–VDON	803–NVOD	802–VDNO
No.23	741–SDRL	744–SDRL	741–SLRD	714–SDRL	741–SDRL	741–SDLR
No.24	859–MUAO	859–MUAO	895–MUAO	859–NUAO	858–MUAQ	859–MOAU
✔ No.25	119–ZNHL	119–ZLNH	119–NZHL	199–ZNHL	119–ZNHL	119–ZLHN
No.26	267–HQEY	267–HQEY	267–HQFY	276–HQEY	287–HQEY	267–HEQY
No.27	125–JLCQ	125–JLCQ	152–JLQC	125–JLQC	125–LJQC	152–LJCQ
No.28	680–CHYA	680–CHAY	860–CHYA	681–CHYA	680–CYHA	680–CHYA
No.29	394–CAEB	394–CAFR	394–CAEB	394–CABE	349–CAEB	394–CAER
No.30	843–OWTR	842–OWRT	842–OWTR	843–OWTR	843–OWRT	843–WOTR

解答欄 ⇨ 解答は231ページ

	1	2	3	4	5
No.11	◯	◯	◯	◯	◯
No.12	◯	◯	◯	◯	◯
No.13	◯	◯	◯	◯	◯
No.14	◯	◯	◯	◯	◯
No.15	◯	◯	◯	◯	◯
No.16	◯	◯	◯	◯	◯
No.17	◯	◯	◯	◯	◯
No.18	◯	◯	◯	◯	◯
No.19	◯	◯	◯	◯	◯
No.20	◯	◯	◯	◯	◯

解答欄 ⇨ 解答は231ページ

	1	2	3	4	5
No.21	◯	◯	◯	◯	◯
No.22	◯	◯	◯	◯	◯
No.23	◯	◯	◯	◯	◯
No.24	◯	◯	◯	◯	◯
No.25	◯	◯	◯	◯	◯
No.26	◯	◯	◯	◯	◯
No.27	◯	◯	◯	◯	◯
No.28	◯	◯	◯	◯	◯
No.29	◯	◯	◯	◯	◯
No.30	◯	◯	◯	◯	◯

3 照合問題

2 情報の照合パターン

ポイント

　与えられた情報を見比べて照合する問題です。複数の情報が示される問題が多く出題され、また紛らわしい情報が混ざっていますので、ケアレスミスも多くなります。似た情報が並ぶため、正解を導き出すのに時間がかかるかもしれませんが、あせらず、ひとつひとつの情報を確実に照合することが大切です。

STEP1　例題を解いてみよう！

　この問題は、人物に関する4つの要素（名字、誕生年、身長、体重）の情報を見比べ、異なっている箇所を見つけ、異なる箇所が名字ならば1、誕生年ならば2、身長であれば3、体重であれば4、異なる場所がなければ5とマークする問題です。

	名字	誕生年	身長	体重	名字	誕生年	身長	体重
例題	大野	1961	165.3	58.2	大野	1961	165.3	56.2

　例題では、体重の「58.2」と「56.2」が異なっていますので、マークは次のようになります。

→　例題正答　①②③●⑤ （1 2 3 **4** 5）

	名字	誕生年	身長	体重	名字	誕生年	身長	体重
例題1	多田	1961	165.3	58.2	大田	1961	165.3	58.2
例題2	原	1960	161.1	47.1	原	1980	161.1	47.1
例題3	中野	1981	170.3	67.8	中野	1981	170.3	68.7

解答欄 ⇨ 解答は次ページ

	1	2	3	4	5
例題1	○	○	○	○	○
例題2	○	○	○	○	○
例題3	○	○	○	○	○

64

②情報の照合パターン

STEP2 解説を読んで、ポイントをつかもう！

名字、誕生年、身長、体重の4つの情報を照合する問題です。

数字だけでなく、漢字も混ざっている点がポイントです。漢字ならば一目で異なっているかどうか判断できそうに思えますが、似た漢字や音が同じ漢字などが混ざっていることがありますので、注意が必要です。

◎同じ読みの漢字の間違い

例題1の場合、名字の「多田」と「大田」が異なります。これは、どちらも「おおた」と読むことができるため、音で判断すると間違えてしまいます。

例題1　　多田　1961　165.3　58.2　　大田　1961　165.3　58.2

◎似た数字に注意

例題2の場合、誕生年の「1960」と「1980」が異なります。「6・8・9」や「1・7」は形が似ているため間違えやすいので注意しましょう。

例題2　　原　1960　161.1　47.1　　原　1980　161.1　47.1

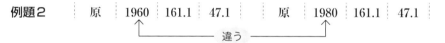

◎数字の入れ替わりを見落とさない

例題3の場合、体重の「67.8」と「68.7」が異なります。数字の入れ替わりは見落としやすい間違いの1つですので、必ず確認しましょう。

例題3　　中野　1981　170.3　67.8　　中野　1981　170.3　68.7

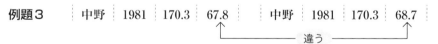

この問題では、誕生年と身長が4桁の数字、身長と体重が小数点を用いた数字が使われているため、それぞれ混合しないよう注意しましょう。

1800年代や2000年代を誕生年とする人はあまり出題されませんので、下2桁の数字に注目しましょう。くり返し問題を解くことで、異なる箇所を素早く見つけられるようになります。

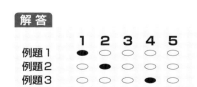

解答

	1	2	3	4	5
例題1	●	○	○	○	○
例題2	○	●	○	○	○
例題3	○	○	○	●	○

3 照合問題

STEP3 練習問題

問 題

　この問題は、人物に関する4つの要素（名字、誕生年、身長、体重）の情報を見比べ、異なっている箇所を見つけ、異なる箇所が名字ならば1、誕生年ならば2、身長であれば3、体重であれば4、異なる場所がなければ5とマークする問題です。

	名字	誕生年	身長	体重	名字	誕生年	身長	体重
例題	大野	1961	165.3	58.2	大野	1961	165.3	56.2

　例題では、体重の「58.2」と「56.2」が異なっていますので、マークは次のようになります。

→　例題正答　1 ○　2 ○　3 ○　4 ●　5 ○

	名字	誕生年	身長	体重	名字	誕生年	身長	体重
No. 1	高橋	1986	165.3	54.0	高橋	1986	165.3	54.5
No. 2	及川	1960	158.8	49.2	及川	1960	159.8	49.2
No. 3	斉藤	1955	160.9	52.5	斉藤	1955	160.9	52.5
No. 4	武田	1972	171.3	61.2	竹田	1972	171.3	61.2
No. 5	小林	1980	173.9	60.5	林木	1980	173.9	60.5
No. 6	小野田	1980	164.0	58.1	小野田	1980	164.0	58.1
No. 7	木内	1968	168.1	52.9	木内	1968	158.1	52.9
No. 8	長谷川	1977	180.3	79.2	長谷川	1977	182.3	79.2
No. 9	吉井	1991	169.2	59.4	吉井	1961	169.2	59.4
No.10	須田	1987	170.5	60.2	須田	1987	170.5	60.2

解答欄　⇨ 解答は231ページ

	1	2	3	4	5		1	2	3	4	5
No. 1	○	○	○	○	○	No. 6	○	○	○	○	○
No. 2	○	○	○	○	○	No. 7	○	○	○	○	○
No. 3	○	○	○	○	○	No. 8	○	○	○	○	○
No. 4	○	○	○	○	○	No. 9	○	○	○	○	○
No. 5	○	○	○	○	○	No.10	○	○	○	○	○

②情報の照合パターン

3 照合問題

	名字	誕生年	身長	体重	名字	誕生年	身長	体重
No.11	渡辺	1992	173.9	58.0	渡辺	1992	173.9	58.4
No.12	林	1965	164.1	53.8	林	1965	164.1	53.8
No.13	山本	1968	159.9	42.3	川本	1968	159.9	42.3
No.14	本田	1979	162.4	59.0	本田	1988	162.4	59.0
No.15	池田	1980	181.8	88.5	原田	1980	181.8	88.5
No.16	藤井	1977	171.0	73.8	藤木	1977	171.0	73.8
No.17	東條	1984	166.3	50.9	東條	1984	166.2	50.9
No.18	清水	1983	177.2	61.1	清水	1983	177.2	63.1
No.19	福山	1988	162.1	51.3	副山	1988	162.1	51.3
No.20	大谷	1971	159.3	56.9	大谷	1971	159.3	56.9

	名字	誕生年	身長	体重	名字	誕生年	身長	体重
No.21	戸井	1993	178.4	64.0	戸井	1993	158.4	64.0
No.22	成田	1985	160.0	51.0	成田	1995	160.0	51.0
No.23	伊藤	1984	169.8	52.6	伊藤	1968	169.8	52.6
No.24	阿部	1972	155.2	46.8	阿部	1972	155.2	56.8
No.25	進藤	1950	162.8	54.8	進藤	1950	161.8	54.8
No.26	堀川	1966	170.9	63.6	堀河	1966	170.9	63.6
No.27	岸	1999	152.3	41.1	岸	1999	152.3	41.1
No.28	小笠原	1952	165.4	50.2	小笠原	1952	165.4	50.2
No.29	今野	1988	182.3	91.7	今野	1988	182.3	97.7
No.30	鈴村	1973	158.6	58.8	鈴村	1973	159.6	58.8

解答欄 ⇨ 解答は231ページ

	1	2	3	4	5
No.11	○	○	○	○	○
No.12	○	○	○	○	○
No.13	○	○	○	○	○
No.14	○	○	○	○	○
No.15	○	○	○	○	○
No.16	○	○	○	○	○
No.17	○	○	○	○	○
No.18	○	○	○	○	○
No.19	○	○	○	○	○
No.20	○	○	○	○	○

解答欄 ⇨ 解答は231ページ

	1	2	3	4	5
No.21	○	○	○	○	○
No.22	○	○	○	○	○
No.23	○	○	○	○	○
No.24	○	○	○	○	○
No.25	○	○	○	○	○
No.26	○	○	○	○	○
No.27	○	○	○	○	○
No.28	○	○	○	○	○
No.29	○	○	○	○	○
No.30	○	○	○	○	○

3 照合問題

3 文章の照合パターン

ポイント

　左右の文章を見比べて異なる文字の数を答える問題です。文章は一見、同じものですが、似た形の漢字や同じ読みの違う漢字が使われていたり、「てにをは」が異なっていたりなど、異なる文字が隠れています。
　類題を解くなどして問題に慣れ、間違った漢字や言葉に気づくようになることが大切です。

STEP 1　例題を解いてみよう！

　この問題は、与えられた左右の文を見比べて、異なる文字の数を答える問題です。ただし、異なる文字がない場合は5とします。

　例題　紅茶を美味しく飲むためには　　　紅茶を美味しく飲むためとは

　例題では、最後から2文字目の「に」と「と」の1字が異なっていますので、マークは次のようになります。

　　　　　　　　　　　　　　　　　　　→　例題正答　　①②③④⑤（①が黒塗り）

例題1　　原油や原材料高や円高が懸念　　　源油や原材領高や円高が懸念
例題2　　父親の子育てを支援しようと　　　父親の子育てを応援しようと
例題3　　おおむね横ばいながらも一部　　　おおねね横ばいながらも比部

解答欄	⇨ 解答は次ページ				
	1	2	3	4	5
例題1	○	○	○	○	○
例題2	○	○	○	○	○
例題3	○	○	○	○	○

③文章の照合パターン

STEP2 解説を読んで，ポイントをつかもう！

13文字からなる、左右の文章を照らし合わせる問題です。問題によって異なる文字はさまざまですが、次のような間違いは見過ごしやすいので、特に気をつけましょう。

①単語が間違っている

例題1　　原油や原材料高や円高が懸念　　源油や原材領高や円高が懸念

例題1は、「原油」と「源油」、「原材料」と「原材領」と単語が間違っているパターンです。「原材領」は間違いだとすぐに気づくことができますが、「源油」は日ごろから文字に接していないと見落としてしまいます。常に単語を意識するようにし、間違っている単語にはすぐ気がつくようになりましょう。

②言葉使いは正しいが左右で意味が異なる

例題2　　父親の子育てを支援しようと　　父親の子育てを応援しようと

例題2のように、「支援」と「応援」は、どちらも言葉使いとしては間違っていません。しかしこれは異なる文字を見つける問題ですので、「異なる文字」としてきちんとカウントしましょう。

③似た文字が使われている

例題3　　おおむね横ばいながらも一部　　おおねね横ばいながらも比部

例題3では、「おおむね」と「おおねね」、「一部」と「比部」が異なります。左の文の「おおむね」を読んだ後は、右の文の「おおねね」も「おおむね」と読んでしまいがちなので、気をつけましょう。

ポイント ココを注意！

普段から正しく言葉をつかえるよう心がけていれば、誤字にきちんと気づくことができます。文章においても同様で「てにをは」をはじめ、正しい日本語を意識しましょう。

解答

	1	2	3	4	5
例題1	○	●	○	○	○
例題2	●	○	○	○	○
例題3	○	●	○	○	○

3 照合問題

69

3 照合問題

STEP3 練習問題

問 題

　この問題は、与えられた左右の文を見比べて、異なる文字の数を答える問題です。ただし、異なる文字がない場合は5とします。

　例題　紅茶を美味しく飲むためには　　　紅茶を美味しく飲むためとは

　例題では、最後から2文字目の「に」と「と」の1字が異なっていますので、マークは次のようになります。

→　例題正答　　**1 2 3 4 5**　● ○ ○ ○ ○

No. 1	11月に掘削を開始したトンネ	11月に掘削を開始したトンネ
No. 2	父の日ギフトとして定着した	父の日ギフトとして定着して
✔ No. 3	灌木に巣作りをする山雀や鶯	灌木に巣付りをする山雀や鶯
✔ No. 4	地域社会の健全な発展を図る	地惑社会な建全な発展を計る
No. 5	こうしてフェスティバルが開	こうしてフィスティバルが閉
No. 6	しかし時は刻々過ぎているの	しかい時は時々過ぎていらの
No. 7	家電コーナーから扇風機は早	家電コームーから扇風器は早
No. 8	例年以上に暑さが予想される	例年以上に暑さが予想される
No. 9	そろそろ腹をくくる時が近づ	そろそろ腹をくくる時が近づ
No.10	さまざまな事業を行ってきま	さまさまな事業を作ってきさ

解答欄 ⇨ 解答は232ページ

	1	2	3	4	5		1	2	3	4	5
No. 1	○	○	○	○	○	No. 6	○	○	○	○	○
No. 2	○	○	○	○	○	No. 7	○	○	○	○	○
No. 3	○	○	○	○	○	No. 8	○	○	○	○	○
No. 4	○	○	○	○	○	No. 9	○	○	○	○	○
No. 5	○	○	○	○	○	No.10	○	○	○	○	○

③文章の照合パターン

3 照合問題

No.11	良工は先ずその刀を利くし能	良工は先ずその刀に利くし能
No.12	県内のビアガーデンが相次い	庁内のビオガーデソが相決い
No.13	紫陽花と言えば花の色がさま	紫陽花と言えば花の色はさま
No.14	コミュニケーションは不可欠	コミュニケーションは不可欠
No.15	高校生からプロまで解放した	高析生からプラまで親放して
No.16	困難なことに大胆にぶつかる	因難なことに太胆にぶつける
No.17	伊江島実施で決まった合意は	伊江島実施で決まった合意は
No.18	押し合い圧し合いは祭りの醍	押し会い圧し合いは際りの醍
No.19	各企業の経営者に質問し応答	格企業の経営者は質問し応答
No.20	当時の書店の奈良コーナーに	来時の本店の奈良コーシーに

No.21	ドングリなど木の実が不作で	ボングリなと木の実が木作で
No.22	代表する2人のエースが米大	代裏しる2人のエーツが英大
No.23	政治資金規正法違反容疑で告	政治資金既正法違反容疑で告
No.24	独創的なデザインで現代美術	独創的なデザインで現代美術
No.25	今年度活動方針などを承認し	昨年度活働方針などの承認し
No.26	はやくも木枯らし1号が吹い	はかくも木枯らし1号が吹い
No.27	まず後ろ足が生えてそれから	まず後ろ足が生えてそれから
No.28	藤づるが落葉樹の頂上まで絡	藤つるが落葉郷の頂上はで核
No.29	ここはやはり衆知を集めて乗	そこはやはり衆知を集ぬて乗
No.30	生育状況などから図鑑に載っ	生長状況などから図鑑に載っ

解答欄 ⇨ 解答は232ページ

	1	2	3	4	5
No.11	○	○	○	○	○
No.12	○	○	○	○	○
No.13	○	○	○	○	○
No.14	○	○	○	○	○
No.15	○	○	○	○	○
No.16	○	○	○	○	○
No.17	○	○	○	○	○
No.18	○	○	○	○	○
No.19	○	○	○	○	○
No.20	○	○	○	○	○

解答欄 ⇨ 解答は232ページ

	1	2	3	4	5
No.21	○	○	○	○	○
No.22	○	○	○	○	○
No.23	○	○	○	○	○
No.24	○	○	○	○	○
No.25	○	○	○	○	○
No.26	○	○	○	○	○
No.27	○	○	○	○	○
No.28	○	○	○	○	○
No.29	○	○	○	○	○
No.30	○	○	○	○	○

4 置換問題

基本問題編

「置換問題」では、条件にしたがい正しく置き換えられているかを見極める判断力が求められます。手引にしたがって、ひらがなや数字、アルファベットなどを置き換える問題が主に出題されます。

「置換」は、単独で出題されることもありますが、「置換＋計算」や「置換＋分類」など、複合問題でも出題されます。

「置換問題」で
出題される
問題パターン

1 漢字とカタカナの置換パターン

2 表を用いた置換パターン

3 数字と漢字の置換パターン

1 漢字とカタカナの置換パターン

手引にしたがって答える「置換」の基本となる問題です。問題には似ている文字などが用いられるため、誤って置き換えてしまうことのないようにすることが大切です。正しく置き換える正確さとその速さが求められます。

例題① この問題は、与えられた5文字の漢字を、手引にしたがってカタカナに置き換えたとき、正しく置き換えられていない漢字の数を答えるものです。

（例題手引）

```
読＝ホ、ネ
誤＝ヘ、メ
語＝サ、テ
訓＝セ、エ
談＝ナ、チ
```

　　例題　　語読語誤訓　→　テネサホメ

72

例題では、1文字目の「語」、2文字目の「読」、3文字目の「語」が正しく置き換えられていますが、4文字目の「誤」、5文字目の「訓」の2字は正しく置き換えられていないため、マークは次のようになります。

→　例題①正答　1 ● 3 4 5

4
置換問題

② 表を用いた置換パターン

　手引の表にしたがい、与えられた情報を置き換える問題です。表を用いた「置換」はよく出題されるので、類題を解き慣れておきましょう。

　「置換」は一見、簡単なようですが、問題を正しく理解していないと、置き換えを間違えるだけでなく、問われていることそのものを勘違いしたまま答えてしまうこともあるので、注意が必要です。

例題②　この問題は、与えられたアルファベットの文字列3組を、手引にしたがって置き換え、その結果を選択肢から選んでマークするものです。

（例題手引）

	A	B	C	D
a	ト	ウ	の	キ
b	ミ	よ	ユ	う
c	さ	ヨ	あ	と
d	き	ゆ	ム	み

	1	2	3	4	5
例題　A b D d C b	ミみユ	みミユ	のよト	トみユ	きみユ

　例題では、最初の文字列「A b」は、手引中の「A」の列と「b」の行が交差する欄にある「ミ」に置き換えられます。同様に、「D d」は「み」に、「C b」は「ユ」に置き換えられますから、結果は「ミみユ」であり、これは選択肢番号「1」の位置にありますから、マークは次にようになります。

→　例題②正答　● 2 3 4 5

4 置換問題

③ 数字と漢字の置換パターン

　手引にしたがって、与えられた情報を置き換える問題です。「正しく
置き換えられた文字数」を答えるのか、「誤って置き換えられた文字数」
を答えるのか、必ず確認しましょう。数字の見間違いなどケアレスミス
にも注意しましょう。

例題③　この問題は、与えられた5文字の数字を、手引にしたがって漢字
　　に置き換えたとき、正しく置き換えられている数字の数を答えるものです。

（例題手引）

3－座	8－画	2－江
4－総	1－優	9－用
7－頭	5－数	6－海

　例題　　18753　→　海画江数座

　例題では、2文字目の「8」、4文字目の「5」、5文字目の「3」の3字が正し
く置き換えられており、1文字目の「1」、3文字目の「7」の2字は正しく置
き換えられていないため、マークは次のようになります。

　　　　　　　　　　　　　　　→　**例題③正答**　　① ② ● ④ ⑤
　　　　　　　　　　　　　　　　　　　　　　　　 1　2　3　4　5

74

①漢字とカタカナの置換パターン

1 漢字とカタカナの置換パターン

4
置換問題

ポイント

　手引にしたがって文字を置き換える「置換」の基本となるパターンです。
　問題には、見誤りやすい文字が用いられることが多くあります。文字を1文字1文字確認するのは大変な作業ですが、集中力を切らさずに取り組みましょう。問題に慣れてきたらスピードアップを目指します。

STEP1 例題を解いてみよう！

　この問題は、与えられた5文字の漢字を、手引にしたがってカタカナに置き換えたとき、正しく置き換えられていない
漢字の数を答えるものです。

（例題手引）

読＝ホ、ネ
誤＝ヘ、メ
語＝サ、テ
訓＝セ、エ
談＝ナ、チ

　　例題　　語読語誤訓　→　テネサホメ

　例題では、1文字目の「語」、2文字目の「読」、3文字目の「語」が正しく置き換えられていますが、4文字目の「誤」、5文字目の「訓」の2字は正しく置き換えられていないため、マークは次のようになります。

→　例題正答　　① ● ○ ○ ○
　　　　　　　　1 2 3 4 5

例題1　　治深渋満治　→　オクソコセ
例題2　　満治深深渋　→　トスセクツ

（例題手引）

満＝コ、ト
減＝チ、セ
治＝オ、ス
渋＝カ、ッ
深＝ソ、ク

解答欄 ⇨ 解答は次ページ

	1	2	3	4	5
例題1	○	○	○	○	○
例題2	○	○	○	○	○

75

4 置換問題

STEP2 解説を読んで，ポイントをつかもう！

5つの漢字がどのカタカナに対応しているのかよく確認することが大切です。
漢字はすべて「さんずい」ですので、見間違いをしないように注意しましょう。
まず、正しく置き換えられている文字に◯などの印をつけましょう。

例題1　治深渋満治　→　オ ク ソ コ セ
　　　　　　　　　　　　　正しく置き換えられている
　　　　　　　　　　　　　正しく置き換えられていない

例題2　満治深深渋　→　ト ス セ ク ツ
　　　　　　　　　　　　　正しく置き換えられている
　　　　　　　　　　　　　正しく置き換えられていない

例題1では、「渋－ソ」と「治－セ」の2文字が正しく置き換えられていないため、
答えは「**2**」となります。例題2では、「深－セ」の1文字が正しく置き換えられ
ていないため、答えは「**1**」となります。◯がついていない文字を答えることに
注意しましょう。

ポイント スピードアップ

◎同じ漢字が2文字以上使われている場合は同時にチェック

　例題1　治深渋満治
　　　　　　　　　　　「治」が2文字使われていることに注目

「治」の置換えは「オ、ス」になります。同じ漢字が使われている場合は、同時にチェック
しましょう。

◎カタカナ → 漢字の順にチェック

漢字 → カタカナの置換えが苦手な場合は、カタカナ → 漢字の順に置き換えてみましょう。
やりやすく、より正確にできるやり方で置き換えましょう。

ポイント ココを注意！

"コツ"よりも"慣れと集中力"の「作業」
といえます。正確さを増すためには、
反復して解くことが必要です。
スピードアップのために、10問解く
のに必要なタイムを図ってみましょう。

解答

	1	2	3	4	5
例題1	○	●	○	○	○
例題2	●	○	○	○	○

①漢字とカタカナの置換パターン

STEP3 練習問題

問題

4
置換問題

　この問題は、与えられた5文字の漢字を、手引にしたがってカタカナに置き換えたとき、正しく置き換えられていない
漢字の数を答えるものです。

（例題手引）

読＝ホ、	ネ
誤＝ヘ、	メ
語＝サ、	テ
訓＝セ、	エ
談＝ナ、	チ

　　例題　　語読語誤訓　→　テネサホメ

　例題では、1文字目の「語」、2文字目の「読」、3文字目の「語」が正しく置き換えられていますが、4文字目の「誤」、5文字目の「訓」の2字は正しく置き換えられていないため、マークは次のようになります。

→　例題正答

1	2	3	4	5
○	●	○	○	○

No. 1　　涯原広展源　→　ムコロツヌ
No. 2　　源広源涯原　→　ツルスムイ
No. 3　　展涯広原展　→　ソヌヒソロ
No. 4　　広原源涯展　→　コヒイヌス
No. 5　　展源涯広涯　→　ロソスヒム
No. 6　　広涯広原源　→　ロツルイス
No. 7　　源展涯広涯　→　ヌコスロム
No. 8　　原涯源展原　→　ルソイムス
No. 9　　展源広展原　→　ロツムイヒ
No.10　　原広原涯展　→　ソコイツム

（例題手引）

原＝イ、	ヒ
広＝ロ、	ル
展＝ヌ、	コ
源＝ツ、	ソ
涯＝ム、	ス

解答欄 ⇨ 解答は232ページ

	1	2	3	4	5		1	2	3	4	5
No. 1	○	○	○	○	○	No. 6	○	○	○	○	○
No. 2	○	○	○	○	○	No. 7	○	○	○	○	○
No. 3	○	○	○	○	○	No. 8	○	○	○	○	○
No. 4	○	○	○	○	○	No. 9	○	○	○	○	○
No. 5	○	○	○	○	○	No.10	○	○	○	○	○

4 置換問題

No.11	徒役径従徒	→	ニマアキリ
No.12	役行役徒径	→	アマムリク
No.13	径役徒役行	→	アヨニユリ
No.14	行径役徒径	→	キアユサク
No.15	徒行徒径従	→	ムニサユア
No.16	従役行従径	→	ムニヨマキ
No.17	行従行役徒	→	アヨサユリ
No.18	径徒役徒行	→	リキマアサ
No.19	役径従徒行	→	ニムクリマ
No.20	行従徒径役	→	サムヨキユ

（手　引）

役＝ユ、マ
行＝キ、サ
径＝ア、ク
従＝ム、ヨ
徒＝リ、ニ

No.21	閉聞門閑門	→	キカオラケ
No.22	間門閉聞閑	→	オタケフウ
No.23	閑間閑閉聞	→	フカキタン
No.24	間門閑閉間	→	キオミケウ
No.25	門閉閉聞間	→	ラケタフミ
No.26	聞間門閑門	→	フケウミタ
No.27	間閉間聞閑	→	キケラミン
No.28	門閑聞門間	→	カラキタオ
No.29	閉門間門聞	→	フウオタン
No.30	閑閉聞間閉	→	ミオケフカ

（手　引）

間＝オ、キ
閑＝ミ、ラ
門＝ウ、タ
閉＝ケ、カ
聞＝ン、フ

解答欄 ⇨ 解答は232ページ

	1	2	3	4	5
No.11	○	○	○	○	○
No.12	○	○	○	○	○
No.13	○	○	○	○	○
No.14	○	○	○	○	○
No.15	○	○	○	○	○
No.16	○	○	○	○	○
No.17	○	○	○	○	○
No.18	○	○	○	○	○
No.19	○	○	○	○	○
No.20	○	○	○	○	○

解答欄 ⇨ 解答は232ページ

	1	2	3	4	5
No.21	○	○	○	○	○
No.22	○	○	○	○	○
No.23	○	○	○	○	○
No.24	○	○	○	○	○
No.25	○	○	○	○	○
No.26	○	○	○	○	○
No.27	○	○	○	○	○
No.28	○	○	○	○	○
No.29	○	○	○	○	○
No.30	○	○	○	○	○

①漢字とカタカナの置換パターン

No.31	読誤談訓誤	→	エセホヘメ
No.32	誤談読訓語	→	ヘセナエネ
No.33	誤訓読誤談	→	エチヘテセ
No.34	談語訓誤訓	→	ホメセナサ
No.35	訓誤読語誤	→	エヘホネメ
No.36	誤語訓読談	→	ヘテサホチ
No.37	談読語談訓	→	チセチナネ
No.38	訓誤訓語読	→	テサホメナ
No.39	読訓誤読語	→	ネメチサヘ
No.40	語談読訓誤	→	セナテエヘ

（手　引）

読＝ホ、ネ
誤＝ヘ、メ
語＝サ、テ
訓＝セ、エ
談＝ナ、チ

4
置換問題

No.41	団図困国圏	→	ソニヌヤヨ
No.42	圏困国国図	→	シヤニクソ
No.43	図国圏国図	→	ケヌスヨニ
No.44	圏国図圏困	→	クヌヨスヨ
No.45	団図困困図	→	シニカニク
No.46	図圏図国圏	→	ケニスニカ
No.47	圏困国国図	→	スケソクヤ
No.48	国団国圏団	→	ソニカケヌ
No.49	困圏困図困	→	ソクシヤヌ
No.50	圏国圏団図	→	ヨクニシケ

（手　引）

国＝ソ、ク
図＝カ、ニ
団＝シ、ヤ
困＝ケ、ヌ
圏＝ス、ヨ

解答欄　⇨ 解答は232ページ

	1	2	3	4	5
No.31	○	○	○	○	○
No.32	○	○	○	○	○
No.33	○	○	○	○	○
No.34	○	○	○	○	○
No.35	○	○	○	○	○
No.36	○	○	○	○	○
No.37	○	○	○	○	○
No.38	○	○	○	○	○
No.39	○	○	○	○	○
No.40	○	○	○	○	○

解答欄　⇨ 解答は232ページ

	1	2	3	4	5
No.41	○	○	○	○	○
No.42	○	○	○	○	○
No.43	○	○	○	○	○
No.44	○	○	○	○	○
No.45	○	○	○	○	○
No.46	○	○	○	○	○
No.47	○	○	○	○	○
No.48	○	○	○	○	○
No.49	○	○	○	○	○
No.50	○	○	○	○	○

4 置換問題

2 表を用いた置換パターン

ポイント

　表を用いた置換パターンでは、手引にしたがって与えられた情報を正しく置き換える力、また、正しく置き換えられている選択肢を素早く選ぶ判断力が求められます。置換えそのものはあまり複雑ではありませんが、同じ音のひらがなとカタカナを混同してしまったり、大文字と小文字のアルファベットを間違えたりしないよう、注意が必要です。

STEP1 例題を解いてみよう！

　この問題は、与えられたアルファベットの文字列3組を、手引にしたがって置き換え、その結果を選択肢から選んでマークするものです。

（例題手引）

	A	B	C	D
a	ト	ウ	の	キ
b	ミ	よ	ユ	う
c	さ	ヨ	あ	と
d	き	ゆ	ム	み

	1	**2**	**3**	**4**	**5**
例題　A b D d C b	ミみユ	みミユ	のよト	トみユ	きみユ

　例題では、最初の文字列「A b」は、手引中の「A」の列と「b」の行が交差する欄にある「ミ」に置き換えられます。同様に、「D d」は「み」に、「C b」は「ユ」に置き換えられますから、結果は「ミみユ」であり、これは選択肢番号「1」の位置にありますから、マークは次のようになります。

→　例題正答　　**1** ● 　**2** ○ 　**3** ○ 　**4** ○ 　**5** ○

80

②表を用いた置換パターン

（例題手引）

	A	B	C	D
a	ト	ウ	の	キ
b	ミ	よ	ユ	う
c	さ	ヨ	あ	と
d	き	ゆ	ム	み

例題1　C c B d A b

	1	2	3	4	5
	ムヨみ	あゆミ	ユゆミ	さうみ	ムうウ

解答欄　⇨ 解答は次ページ

	1	2	3	4	5
例題1	○	○	○	○	○

STEP2　解説を読んで，ポイントをつかもう！

　アルファベットの大文字が縦の列、小文字が横の行となっています。ポイントは、「すべての情報を置き換える必要がない場合もある」ことです。

　例題1の場合、「C c＝あ」、「B d＝ゆ」、「A b＝ミ」で「C c B d A b＝あゆミ」となります。

	A	B	C	D
a	ト	ウ	の	キ
b	ミ	よ	ユ	う
c	さ	ヨ	あ	と
d	き	ゆ	ム	み

　選択肢「ムヨみ　あゆミ　ユゆミ　さうみ　ムうウ」の中に1文字目が「あ」なのは「**2**」しかありません。
　そのため、「B d＝ゆ」、「A b＝ミ」の置換えを行わなくとも、正解を導きだすことができます。

必ずしもすべての文字を置き換える必要はありません。正答に必要な情報を絞り込み、1つだけが残ったならば、その時点で文字の置き換えを終え、次の問題にうつりましょう。

4 置換問題

　問題によっては、1つの組み合わせを置き換えるだけで正解がわかることを頭に入れておきましょう。

解 答					
	1	**2**	**3**	**4**	**5**
例題1	○	●	○	○	○

STEP3　練習問題

問 題

　この問題は、与えられたアルファベットの文字列3組を、手引にしたがって置き換え、その結果を選択肢から選んでマークするものです。

（例題手引）

	A	B	C	D
a	ト	ウ	の	キ
b	ミ	よ	ユ	う
c	さ	ヨ	あ	と
d	き	ゆ	ム	み

	1	**2**	**3**	**4**	**5**
例題　AbDdCb	ミみユ	みミユ	のよト	トみユ	きみユ

　例題では、最初の文字列「Ab」は、手引中の「A」の列と「b」の行が交差する欄にある「ミ」に置き換えられます。同様に、「Dd」は「み」に、「Cb」は「ユ」に置き換えられますから、結果は「ミみユ」であり、これは選択肢番号「1」の位置にありますから、マークは次にようになります。

→　例題正答

1	**2**	**3**	**4**	**5**
●	○	○	○	○

82

②表を用いた置換パターン

（手 引）

	E	F	G	H
e	マ	わ	す	や
f	つ	ニ	ツ	ロ
g	ヌ	る	て	ま
h	ス	え	ヤ	ソ

4 置換問題

		1	2	3	4	5
No. 1	H e F f F g	やわる	やニる	まニえ	やるニ	すツる
No. 2	G h E e H f	マヤロ	ツマソ	ヤヌロ	すヌソ	ヤマロ
No. 3	E g F e E h	ヌわス	マるヌ	ヌわえ	ヌニえ	つわス
No. 4	G f H h E e	すツま	ソます	ツソマ	ソツマ	つソま
No. 5	H f G e F f	ロヌニ	ソスニ	ロてニ	ロすニ	ソつや
No. 6	E f G g F e	つわや	えてつ	スツや	つてわ	すてや
No. 7	H e E e G f	やマツ	ヤやつ	ロマツ	ソつや	まマツ
No. 8	H g F f F g	まニる	るつヌ	ツニヌ	スニる	スつる
No. 9	G h F h E f	スソツ	スソつ	ヤすロ	まえニ	ヤえつ
No.10	E e H h H g	つてマ	マソま	マまソ	つソま	てつマ

解答欄 ⇨ 解答は232ページ

	1	2	3	4	5
No. 1	○	○	○	○	○
No. 2	○	○	○	○	○
No. 3	○	○	○	○	○
No. 4	○	○	○	○	○
No. 5	○	○	○	○	○
No. 6	○	○	○	○	○
No. 7	○	○	○	○	○
No. 8	○	○	○	○	○
No. 9	○	○	○	○	○
No.10	○	○	○	○	○

4 置換問題

（手　引）

	I	J	K	L
i	こ	く	フ	ア
j	ミ	む	ル	ろ
k	あ	ウ	イ	み
l	い	ふ	ム	コ

		1	2	3	4	5
No.11	L j I i K j	ろミフ	アルろ	ルころ	ろミル	ろこル
No.12	J i K l I j	むムイ	こフミ	くムミ	アフみ	クムミ
No.13	K j K i I k	フいア	ルあふ	ルフあ	ふみあ	くフあ
No.14	L k J l I i	むウろ	みふこ	ムミコ	くむこ	みミこ
No.15	I k K k J k	アルろ	あイウ	ウイア	アイウ	あみル
No.16	J l I k I l	フくこ	むいあ	むフイ	ふあい	フふイ
No.17	L j K i L i	アルろ	ろフあ	アふろ	あろフ	ろフア
No.18	K l I i J j	ムこむ	ルミく	ムウみ	コいろ	ふミく
No.19	K j L l L k	フコく	ウこみ	むろあ	ルコみ	ムコミ
No.20	L i I j K k	あみミ	ろふこ	アミイ	ろフミ	ろミイ

解答欄 ⇨ 解答は232ページ

	1	2	3	4	5
No.11	○	○	○	○	○
No.12	○	○	○	○	○
No.13	○	○	○	○	○
No.14	○	○	○	○	○
No.15	○	○	○	○	○
No.16	○	○	○	○	○
No.17	○	○	○	○	○
No.18	○	○	○	○	○
No.19	○	○	○	○	○
No.20	○	○	○	○	○

②表を用いた置換パターン

4
置換問題

(手 引)

	M	N	O	P
m	オ	の	セ	う
n	ナ	け	を	と
o	テ	つ	ア	ミ
p	め	ク	た	ネ

No.	コード	1	2	3	4	5
No.21	O p N m P o	たのミ	ミのた	オフア	とクミ	たつク
No.22	O n M p P p	をミけ	つめネ	テけセ	をけネ	をめネ
No.23	N o P m P o	つうミ	とのた	つアを	テうセ	セうミ
No.24	M o O m N p	ナセつ	テアつ	ミナク	テセク	テネう
No.25	P n M p M m	とセの	とテオ	とセオ	とめオ	とネの
No.26	N p N n O o	のけつ	つてた	クけア	けうナ	うけた
No.27	P m N m M n	つナの	うのナ	ナのつ	アクつ	とのテ
No.28	M o P o M m	テミオ	セクめ	とつの	テナオ	ネうナ
No.29	O n P p P o	けのめ	アつを	をネテ	をネア	けミと
No.30	M o N o O p	めつテ	テつた	テたナ	ナつた	テつナ

解答欄 ⇨ 解答は233ページ

	1	2	3	4	5
No.21	○	○	○	○	○
No.22	○	○	○	○	○
No.23	○	○	○	○	○
No.24	○	○	○	○	○
No.25	○	○	○	○	○
No.26	○	○	○	○	○
No.27	○	○	○	○	○
No.28	○	○	○	○	○
No.29	○	○	○	○	○
No.30	○	○	○	○	○

4 置換問題

3 数字と漢字の置換パターン

ポイント

手引にしたがって与えられた情報を置き換える問題です。シンプルな問題ですので、早く正確に置き換えることが求められます。問題を解くリズムが一度くずれてしまうと、解答のスピードが遅れてしまいますので、一定の早さを保ちテンポよく解いていきましょう。

STEP1 例題を解いてみよう！

この問題は、与えられた5文字の数字を、手引にしたがって漢字に置き換えたとき、正しく置き換えられている数字の数を答えるものです。

（例題手引）

例題　　18753　→　海画江数座

3 － 座	8 － 画	2 － 江
4 － 総	1 － 優	9 － 用
7 － 頭	5 － 数	6 － 海

例題では、2文字目の「8」、4文字目の「5」、5文字目の「3」の3字が正しく置き換えられており、1文字目の「1」、3文字目の「7」の2字は正しく置き換えられていないため、マークは次のようになります。

→　例題正答　　1 2 **3** 4 5
　　　　　　　　○ ○ ● ○ ○

例題1　　42351　→　九弓空左素
例題2　　69158　→　査個空左収
例題3　　71924　→　空個九弓査
例題4　　45827　→　弓左素空収

（例題手引）

3 － 空	1 － 素	5 － 左
2 － 弓	8 － 作	7 － 収
6 － 査	9 － 個	4 － 九

解答欄 ⇨ 解答は次ページ

	1 2 3 4 5		1 2 3 4 5
例題1	○ ○ ○ ○ ○	例題3	○ ○ ○ ○ ○
例題2	○ ○ ○ ○ ○	例題4	○ ○ ○ ○ ○

86

③数字と漢字の置換パターン

STEP2 解説を読んで，ポイントをつかもう！

　手引をよく見て、数字と漢字が正しく置き換えられているか確認しましょう。「①漢字とカタカナの置換パターン」は、**誤って置き換えられている文字数を答える**問題でしたが、この問題は、**正しく置き換えられている文字数を答える**問題です。「置換」では、どちらを答える問題なのか間違えないよう、問題文を正しく理解しましょう。

4 置換問題

◎**問題を１問ずつではなく、まとめて解く**

　例題のように、置換えが作業的で問題を解くのに時間がかかりそうな場合は、１問ずつ問くのではなく、５問または10問をまとめて解いてみましょう。

　手順①：まずは「１－素」が正しく置き換えられているか、すべての問題をチェックしましょう。このとき、正しく置き換えられている数字は ◯ や ☐ で囲むなどして目印をつけます。

例題１	４２３５①	→ 九弓空左~~素~~	←置換えが正しいので「１」にも「素」にも◯
例題２	６９①５８	→ 査個空左収	←置換えが誤りなので「１」だけに◯
例題３	７①９２４	→ 空個九弓査	←置換えが誤りなので「１」だけに◯
例題４	４５８２７	→ 弓左素空収	←数字に「１」がないので◯はつけない

　手順②：同じように「２」以降の数字もチェックを行いましょう。
　手順③：すべての数字をチェックし終えたら、漢字にいくつ◯がついているかを数え、その数をマークしましょう。

　同じ作業をまとめて行うと効率がよく、早く問題を解くことができますが、残りの解答時間が少ない場合は、マークする時間を確保するよう注意しましょう。

ポイント ココを注意！

早く解くために、◯や×の印をつけるなど自分なりの工夫が求められます。
解説の解き方の手順などを参考にしながら、自分にあったオリジナルの解き方を考えてみましょう。

解答

	1	2	3	4	5
例題１	◯	◯	◯	◯	●
例題２	◯	◯	●	◯	◯
例題３	●	◯	◯	◯	◯
例題４	◯	●	◯	◯	◯

87

4 置換問題

STEP3 練習問題

問題

この問題は、与えられた5文字の数字を、手引にしたがって漢字に置き換えたとき、正しく置き換えられている数字の数を答えるものです。

例題　　18753　→　海画江数座

（例題手引）

3 － 座	8 － 画	2 － 江
4 － 総	1 － 優	9 － 用
7 － 頭	5 － 数	6 － 海

例題では、2文字目の「8」、4文字目の「5」、5文字目の「3」の3字が正しく置き換えられており、1文字目の「1」、3文字目の「7」の2字は正しく置き換えられていないため、マークは次のようになります。

→　例題正答

1	2	3	4	5
○	○	●	○	○

No. 1	91623	→	造二林味込
No. 2	15438	→	二時間扉造
No. 3	72163	→	込時返林味
No. 4	59241	→	二味返間時
No. 5	38492	→	扉造間味返
No. 6	76542	→	時味込造返
No. 7	13865	→	時扉造林間
No. 8	75913	→	込間味二扉
No. 9	28649	→	林扉造間味
No.10	43752	→	返込間二造

（手引）

2 － 返	9 － 味	8 － 造
6 － 林	5 － 二	1 － 時
3 － 扉	7 － 込	4 － 間

解答欄 ⇨ 解答は233ページ

	1	2	3	4	5		1	2	3	4	5
No. 1	○	○	○	○	○	No. 6	○	○	○	○	○
No. 2	○	○	○	○	○	No. 7	○	○	○	○	○
No. 3	○	○	○	○	○	No. 8	○	○	○	○	○
No. 4	○	○	○	○	○	No. 9	○	○	○	○	○
No. 5	○	○	○	○	○	No.10	○	○	○	○	○

③数字と漢字の置換パターン

No.11	62154	→	役正会参気
No.12	43972	→	気夜役少正
No.13	58143	→	参見社夜気
No.14	36827	→	会役社参見
No.15	25419	→	正気参会役
No.16	36782	→	少夜見社参
No.17	54197	→	参気会役見
No.18	35428	→	見正気夜少
No.19	76129	→	見少会正役
No.20	81934	→	社正見夜会

（手　引）

5 －参	2 －正	3 －夜
1 －会	7 －見	6 －少
9 －役	4 －気	8 －社

No.21	92547	→	知路事野新
No.22	13468	→	新談事移知
No.23	19682	→	眠元野知路
No.24	35278	→	新談移事知
No.25	76139	→	路野眠談元
No.26	57283	→	新移野知談
No.27	43291	→	事元知新眠
No.28	29813	→	路元知眠談
No.29	45126	→	眠移談路事
No.30	79568	→	移元新野知

（手　引）

1 －眠	7 －移	4 －事
6 －野	3 －談	5 －新
8 －知	2 －路	9 －元

5 図形把握問題

基本問題編

「図形把握問題」は、与えられた図形と同じ図形や、指示にしたがい並び換えられた図形などを選ぶ問題です。指示された図形を見極める、図形把握の能力が求められます。

ほかの基本問題では図形はほとんど用いられないため、戸惑うこともあるかもしれませんが、問題そのものはシンプルなものであり、それほど難しくはありません。落ち着いて解けば正解することができます。

「図形把握問題」で出題される問題パターン
1. 同形の図形パターン
2. 変形した図形パターン
3. 指示された図形パターン

1 同形の図形パターン

与えられた図形と同じ図形を、選択肢から選ぶ問題です。用いられる図形はさまざまですが、「図形把握問題」の基本となる問題になります。問題を解くスピードと正確さをアップするために、類題をたくさん解き、問題に慣れておきましょう。

> **例題①** この問題は、左端の図形と同じ図形がある箇所の番号と同じ位置にマークをするものです。ただし、図形は裏返さないものとします。
>
>
>
> 例題では、左端の図形と同じ図形は「**1**」にありますから、マークは次のようになります。
>
> → 例題①正答

② 変形した図形パターン

　基となる図形の一部を移動させてできた図形を選択肢から選ぶ問題です。一目見ただけではどれが正解かわからない図形が選択肢に並びます。図形の特徴となる部分を見比べ、正解を導きだしましょう。

> **例題②**　この問題は、左端の図形を黒い部分と灰色の部分に切り分け、黒い部分、灰色の部分それぞれの形を変えないで移動させたものを選び、その図形がある箇所の番号と同じ位置にマークするものです。ただし、移動させるさいに裏返しにはしないものとします。
>
> 　例題では、黒い部分と灰色の部分の形が同じで、かつ裏返しもせずに移動させたものは「**4**」にありますから、マークは次のようになります。　→　**例題②正答**　1○ 2○ 3○ 4● 5○

③ 指示された図形パターン

　基の図形を指示された角度に回転させた図形を選ぶ問題です。図形そのものの形は変わりません。回転させる角度と回転させる方向に気をつけて解くことが解答のポイントとなります。

> **例題③**　この問題は、左端の図形を指示された角度だけ（角度は円と矢印で示される）回転したときの図形がある箇所の番号と同じ位置にマークするものです。
>
>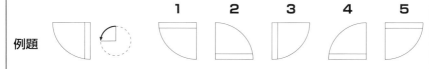
>
> 　例題では、左に90度回転した図形は「**5**」にありますから、マークは次のようになります。
> 　→　**例題③正答**　1○ 2○ 3○ 4○ 5●

5 図形把握問題

1 同形の図形パターン

ポイント

図形に使用される記号や目印を注意深く見ることが大切です。左右または上下対称の図形を答えてしまいがちですが、裏返さない限り対称にはなりません。問題に「図形は裏返さないものとする」という条件があることに注意しましょう。①同形の図形パターンは「図形把握」の基本となる問題です。

STEP1 例題を解いてみよう！

この問題は、左端の図形と同じ図形がある箇所の番号と同じ位置にマークをするものです。ただし、図形は裏返さないものとします。

　　　　　　　　　1　　　　2　　　　3　　　　4　　　　5

例題

例題では、左端の図形と同じ図形は、「**1**」にありますから、マークは次のようになります。

→ 例題正答　1 ● 2 ○ 3 ○ 4 ○ 5 ○

　　　　　　　　1　　　　2　　　　3　　　　4　　　　5

例題1

例題2

解答欄 ⇨ 解答は次ページ

　　　　　1　2　3　4　5　　　　　　　1　2　3　4　5
例題1　○　○　○　○　○　　例題2　○　○　○　○　○

①同形の図形パターン

STEP2 解説を読んで、ポイントをつかもう！

選択肢にはさまざまな図形が並びますが、「図形は裏返さない」という条件がありますから、正解となる図形は「基の図形を回転させたもの」になります。

例題1の場合、基の図形は、になります。

正解は、「基の図形を回転させたもの」ですから、次のどれかになります。

右に90度回転　　　　　　右に180度回転　　　　　　右に270度回転

選択肢には、「右に90度回転」したものが「**3**」にありますから、正解は「**3**」になります。

そのほかにも、図形の中の1つの記号の位置または記号のかたまりに注目して解く方法もあります。

例題2

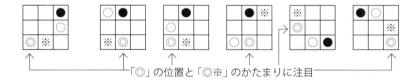

「◎」の位置と「◎※」のかたまりに注目

例題2の場合、「◎」に注目すると、基の図形と同じように、角に「◎」があり、「◎※」が1つのかたまりになっている図形は、「**2**」と「**5**」しかありません。「**2**」は「◎」の隣に「○」があるため誤りであり、「**5**」が正解だとわかります。

ポイント ココを注意！

記号を1つの「かたまり」として見ると、図形が判別しやすくなります。
正解は必ず、「基の図形を回転させたもの」になり、裏返さないという条件があることに注意しましょう。

解答

	1	2	3	4	5
例題1	○	○	●	○	○
例題2	○	○	○	○	●

5 図形把握問題

93

5 図形把握問題

STEP3 練習問題

問 題

　この問題は、左端の図形と同じ図形がある箇所の番号と同じ位置にマークをするものです。ただし、図形は裏返さないものとします。

例題

	1	2	3	4	5

　例題では，左端の図形と同じ図形は、「**1**」にありますから，マークは次のようになります。

→　例題正答　●１　○２　○３　○４　○５

94

①同形の図形パターン

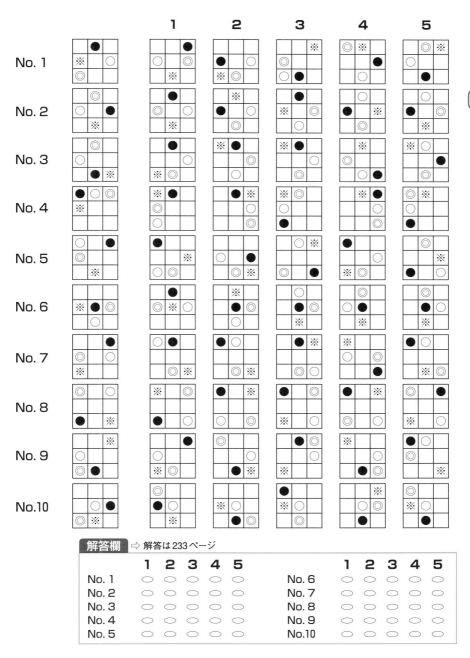

95

5 図形把握問題

解答欄　⇨ 解答は233ページ

	1	2	3	4	5
No.11	○	○	○	○	○
No.12	○	○	○	○	○
No.13	○	○	○	○	○
No.14	○	○	○	○	○
No.15	○	○	○	○	○

	1	2	3	4	5
No.16	○	○	○	○	○
No.17	○	○	○	○	○
No.18	○	○	○	○	○
No.19	○	○	○	○	○
No.20	○	○	○	○	○

96

①同形の図形パターン

5 図形把握問題

解答欄 ⇨ 解答は233ページ

	1	2	3	4	5		1	2	3	4	5
No.21	○	○	○	○	○	No.26	○	○	○	○	○
No.22	○	○	○	○	○	No.27	○	○	○	○	○
No.23	○	○	○	○	○	No.28	○	○	○	○	○
No.24	○	○	○	○	○	No.29	○	○	○	○	○
No.25	○	○	○	○	○	No.30	○	○	○	○	○

97

5 図形把握問題

2 変形した図形パターン

> **ポイント**
> 基の図形を移動させてできた図形を選ぶ問題です。選択肢の図形は基の図形と形が異なるため、高い図形把握能力が求められます。基の図形の特徴となる箇所を目印にして探すことがポイントです。

STEP1 例題を解いてみよう！

この問題は、左端の図形を黒い部分と灰色の部分に切り分け、黒い部分、灰色の部分それぞれの形を変えないで移動させたものを選び、その図形がある箇所の番号と同じ位置にマークするものです。ただし、移動させるさいに裏返しにはしないものとします。

	1	2	3	4	5
例題						

例題では、黒い部分と灰色の部分の形が同じで、かつ裏返しもせずに移動させたものは「**4**」にありますから、マークは次のようになります。

→ 例題正答　1 2 3 4 5　○ ○ ○ ● ○

	1	2	3	4	5
例題1					
例題2					

98

②変形した図形パターン

解答欄	⇨ 解答は次ページ

	1	2	3	4	5
例題1	○	○	○	○	○
例題2	○	○	○	○	○

5 図形把握問題

STEP2 解説を読んで，ポイントをつかもう！

　ポイントは、「切り離された黒い部分」と「切り離された灰色の部分」それぞれの形と、「丸の位置」になります。切り離された黒い部分があった場所は、空白となりますが、この空白に切り離された黒い部分が重なることもあるので、注意しましょう。

　図形が複雑で、正しい図形を選ぶのに時間がかかりそうな問題ですが、問題によっては、すべての情報を使わなくても、正解を導くことができます。
　例題1の場合、「切り離された黒い部分」は、情報として使わず、「切り離された灰色の部分」に注目してみましょう。
　基の図形、選択肢の図形の灰色の部分のみを抜き出すと、次のようになります。

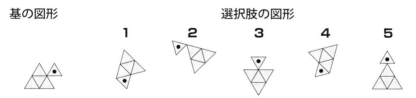

　見比べると、基の図形と同じ形をしているものは、選択肢「**3**」の図形だけですので答えは「**3**」になります。

ココを注意！

問題を解くために使う図形の情報は、見やすく、間違えにくいものを選びましょう。
図形を裏返さないという条件を忘れないよう、注意しましょう。

5 図形把握問題

　図形が苦手な場合は、①図形の一部を抜きだす、②特徴を書きだす、など工夫してみましょう。

基の形　　　　　　①一部を抜きだす　　　　　②特徴を書きだす

　問題にまどわされず、図形ごとに特徴となる部分を見極めることが大切です。

解答	1	2	3	4	5
例題1	○	○	●	○	○
例題2	○	●	○	○	○

STEP3　練習問題でパターンを克服！

問題

　この問題は、左端の図形を黒い部分と灰色の部分に切り分け、黒い部分、灰色の部分それぞれの形を変えないで移動させたものを選び、その図形がある箇所の番号と同じ位置にマークするものです。ただし、移動させるさいに裏返しにはしないものとします。

　　　　　　　　1　　　　2　　　　3　　　　4　　　　5

例題　

　例題では、黒い部分と灰色の部分の形が同じで、かつ裏返しもせずに移動させたものは「**4**」にありますから、マークは次のようになります。

→　例題正答　　1 2 3 4 5
　　　　　　　　○ ○ ○ ● ○

100

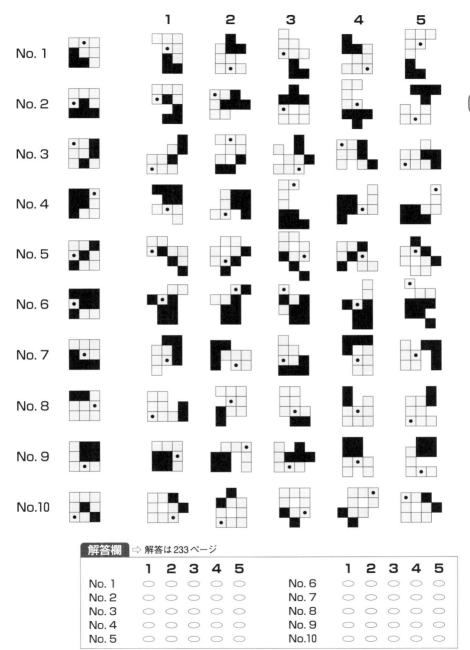

[5] 図形把握問題

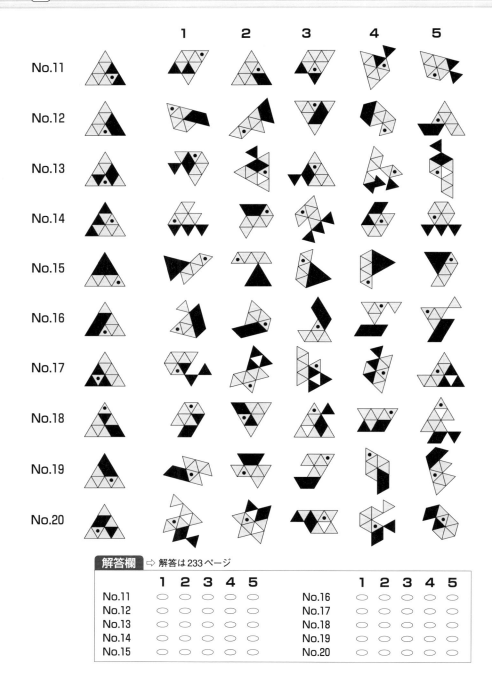

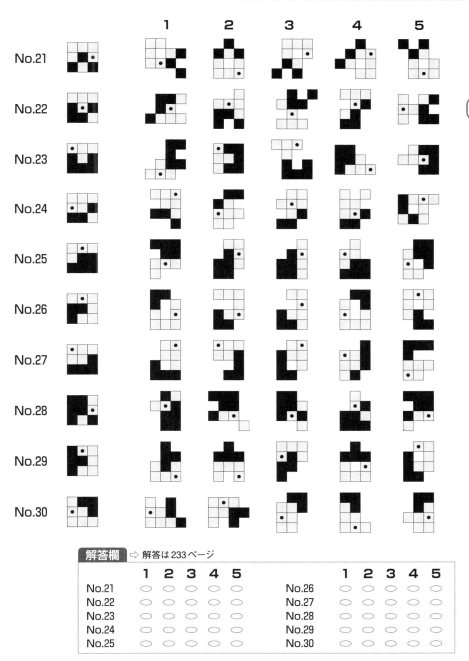

5 図形把握問題

3 指示された図形パターン

ポイント

基となる図形を指示された角度だけ回転させた図形を選ぶ問題です。選択肢にはすべて基の図形と同じ図形が並び混乱しやすいため、回転させる角度と回転の向きに注意して答えましょう。

STEP1 例題を解いてみよう！

この問題は、左端の図形を指示された角度だけ（角度は円と矢印で示される）回転したときの図形がある箇所の番号と同じ位置にマークするものです。

例題

例題では、左に90度回転した図形は「**5**」にありますから、マークは次のようになります。

→ 例題正答

	1	2	3	4	5
	◯	◯	◯	◯	●

例題1

例題2

解答欄 ⇨ 解答は106ページ

	1	2	3	4	5			1	2	3	4	5
例題1	◯	◯	◯	◯	◯		例題2	◯	◯	◯	◯	◯

104

STEP2 解説を読んで、ポイントをつかもう！

　基の図形を指示された角度だけ回転させたものが正解となります。気をつけなければならないことは、「回転させる角度」と「回転させる方向」の2つです。

　例題1の場合、基の図形を90度単位で回転させると、次のようになります。

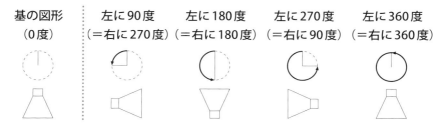

　例題1で指示された角度は「左に90度」の ですから、答えは の「**4**」になります。基の図形と同じ角度（回転させていない、または360度回転させた）の図形である「**2**」と答えないよう、注意しましょう。

　例題2も同じように解くことができます。

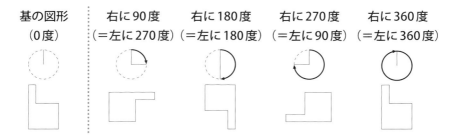

ココを注意！

回転させる角度と方向に気をつけましょう。また、同じ角度の図形を答えないよう注意します。270度回転は逆方向に90度回転と同じで、180度回転は逆さまになります。

5 図形把握問題

例題2で指示された角度は「右に180度」の ◐ ですから、答えは ⌐ の「**2**」になります。

ポイント スピードアップ

図形の回転が苦手な場合は、次の3つの回転を軸にして考えてみましょう。
図形は、「90度回転なら横」に「180度回転なら逆さま」になります。

基の図形　　右に回転90度　　左に回転90度　　右（左）に回転180度

回転させただけでは、左右対称　　、上下対称　　にはなりません。

解答

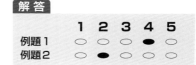

STEP3 練習問題

問題

この問題は、左端の図形を指示された角度だけ（角度は円と矢印で示される）回転したときの図形がある箇所の番号と同じ位置にマークするものです。

例題では、左に90度回転した図形は「**5**」にありますから、マークは次のようになります。

→ 例題正答　1 2 3 4 ●5

③指示された図形パターン

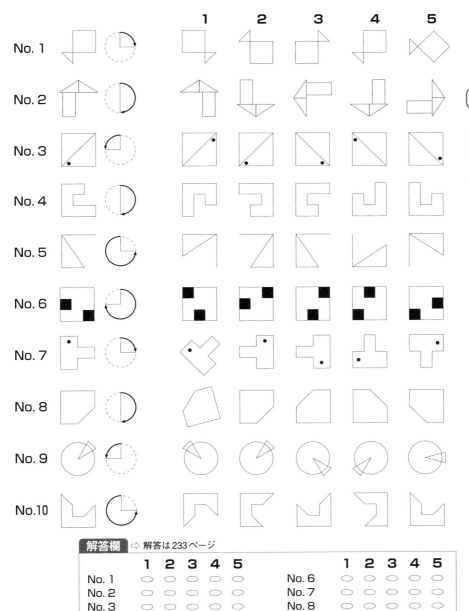

5 図形把握問題

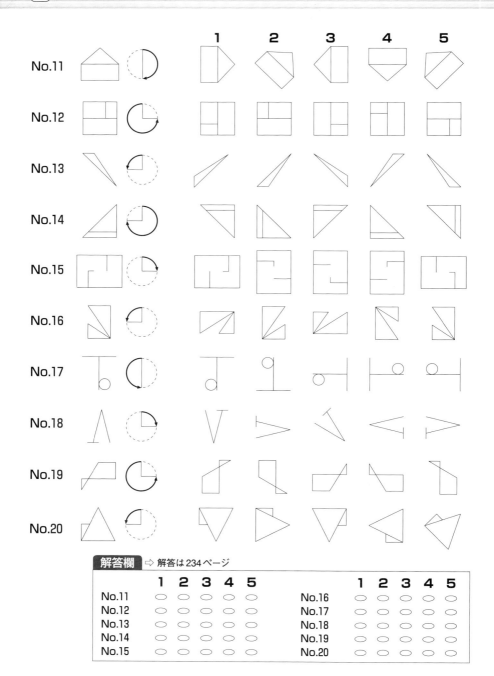

③指示された図形パターン

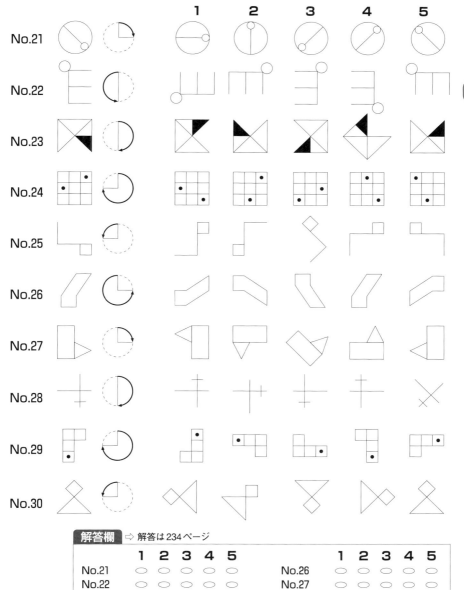

	1	2	3	4	5		1	2	3	4	5
No.21	○	○	○	○	○	No.26	○	○	○	○	○
No.22	○	○	○	○	○	No.27	○	○	○	○	○
No.23	○	○	○	○	○	No.28	○	○	○	○	○
No.24	○	○	○	○	○	No.29	○	○	○	○	○
No.25	○	○	○	○	○	No.30	○	○	○	○	○

2桁×2桁の 簡単 計算方法
～九九一覧表付き～

掛け算が早くなると、計算のスピードが格段に上がります。2桁×2桁の計算方法を覚え、実力アップを目指しましょう！

2桁×2桁の計算の大変なところは、掛け算と足し算が混じることです。例えば78×69を筆算で行う場合、普通は①のように計算します。

①は78×69を、78×9と78×60の和に分けて、さらに、8×9+70×9と8×60+70×60の和に分けています。そのため掛け算と足し算が混じり、計算が大変になるのです。

紹介する計算方法は、今までとあまり変わらず、なおかつ掛け算と足し算を分けて行う計算方法です。例えば、78×69だと②のように行います。

②では78×69を、8×9と70×9、8×60と70×60の和に分けています。式を展開すると次のようになります。

78×69 = (8+70)×(9+60)
= 8×9+70×9+8×60+70×60

この方法は、掛け算をした後にまとめて足し算をするので、計算がスムーズになり、ミスが減り計算速度も速くなるはずです。ぜひ試してみてください。

【九九一覧表】

	1	2	3	4	5	6	7	8	9
1	1	2	3	4	5	6	7	8	9
2	2	4	6	8	10	12	14	16	18
3	3	6	9	12	15	18	21	24	27
4	4	8	12	16	20	24	28	32	36
5	5	10	15	20	25	30	35	40	45
6	6	12	18	24	30	36	42	48	54
7	7	14	21	28	35	42	49	56	63
8	8	16	24	32	40	48	56	64	72
9	9	18	27	36	45	54	63	72	81

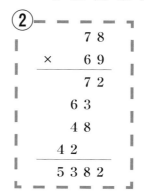

複合問題編

6 置換＋計算問題
① 加減乗除の置換パターン ―― 115
② 数字の置換パターン ―― 120
③ 表を用いた置換パターン ―― 128

7 計算＋分類問題
① 解の分類パターン ―― 139
② 同じ解を探す分類パターン ―― 146
③ □を求める分類パターン ―― 154

8 置換＋分類問題
① 4つの情報を用いるパターン ―― 163
② 数字の分類パターン ―― 170
③ 3種の範囲から選ぶパターン ―― 176

9 照合＋分類問題
① 文章の照合＋分類パターン ―― 185
② 羅列文字の照合＋分類パターン ―― 192
③ 組み合わせの照合＋分類パターン ―― 198

10 置換＋計算＋分類問題
① 式を置き換えるパターン ―― 207
② 計算を2回行うパターン ―― 214
③ 式の値を範囲から選ぶパターン ―― 222

複合問題編

6 置換＋計算問題

「置換＋計算問題」では、条件にしたがい正しく置き換える正確さと、置き換えた後の計算力が求められます。問題のタイプは、大きく「加減乗除（＋－×÷）を置き換えて計算する」か「数字を置き換えて計算する」かの2つに分けられます。「置換＋計算」は、複合問題の中でも出題されやすい問題の1つです。類題を解き、問題のパターンに慣れておきましょう。

「置換＋計算問題」で出題される問題パターン	**①** 加減乗除の置換パターン
	② 数字の置換パターン
	③ 表を用いた置換パターン

① 加減乗除の置換パターン

　　手引にしたがって、記号を加減乗除（＋－×÷）に置き換える問題です。普通ならば「×」と「÷」は「＋」と「－」より先に計算しますが、この問題では加減乗除に関係なく、左から順序どおりに計算することに注意しなければなりません。まずは問題文をよく読んで理解するところからはじめましょう。

> 例題① 　この問題は、手引にしたがって加減乗除（＋－×÷）を置き換え、計算し、その解の一の位の数を答えるものです。ただし、計算順序は加減乗除に関係なく、左から順序どおりに計算するものとします。
>
> （例題手引）
>
> | ◎→＋　　★→－　　○→×　　☆→÷ |
>
> 例題　1◎9○8☆20

例題では、「◎」が「＋」に、「○」が「×」に「☆」が「÷」に置き換えられるため、$1 + 9 \times 8 \div 20$ となります。この式を、左から計算すると解は「**4**」となりますから、マークは次のようになります。

→　例題①正答　1 2 3 4 5 ○ ○ ○ ● ○

6

置換＋計算問題

② 数字の置換パターン

手引の表にしたがって、ひらがなを数字に置き換えて計算する問題です。手引どおりに正しく置き換える正確さと、素早く計算する早さが求められます。置き換えを間違っても正解は導きだせず、また、正しく置き換えても計算を間違えてしまえば、やはり正解にはたどりつけません。

例題②　この問題は、手引にしたがってひらがなを数字に置き換え、計算し、その解のある選択肢の番号と同じ位置にマークするものです。

（例題手引）

あ→9	い→6	う→4	え→12	お→9
か→2	き→15	く→7	け→30	こ→15
さ→16	し→8	す→4	た→3	そ→5

	1	2	3	4	5
例題　い÷か＋そ	8	2	4	9	3

例題では、「い」は「6」、「か」は「2」、「そ」は「5」に置き換えられるため、$6 \div 2 + 5$ になります。この式を計算すると、解は「8」となり、これは選択肢番号「**1**」の位置にありますから、マークは次のようになります。

→　例題②正答　1 2 3 4 5 ● ○ ○ ○ ○

113

6 置換＋計算問題

③ 表を用いた置換パターン

　手引の表にしたがって、アルファベットを数字に置き換えて計算する問題です。アルファベットの大文字と小文字を混同しないよう注意が必要です。「計算順序は加減乗除に関係なく、左から順序どおりに計算する」という条件に気をつけましょう。

例題③　この問題は、手引にしたがってアルファベットの組み合わせを数字に置き換え、計算し、その解のある選択肢の番号と同じ位置にマークするものです。ただし、計算順序は加減乗除に関係なく、左から順序どおりに計算するものとします。

（例題手引）

	a	b	c	d	e
A	7	1	9	8	13
B	10	24	19	30	6
C	12	2	4	16	0
D	21	40	35	5	22

例題　Ｂｂ－Ｃｄ－Ａａ×Ｄｅ

1	2	3	4	5
20	21	22	23	24

　例題では、「Ｂｂ」が「24」、「Ｃｄ」が「16」、「Ａａ」が「7」、「Ｄｅ」が「22」に置き換えられるため、24－16－7×22となります。この式を左から計算すると、解は「22」となり、これは選択肢番号「**3**」の位置にありますから、マークは次のようになります。

→　例題③正答　　1　2　**3**　4　5
　　　　　　　　　○　○　●　○　○

114

① 加減乗除の置換パターン

1 加減乗除の置換パターン

ポイント

手引にしたがって加減乗除を置き換えて計算する問題です。「置換＋計算」の基本となります。置換えで用いられる記号は、「○」や「◎」、「☆」や「★」など似たものが多いため、問題を解いているうちにいつのまにか間違えて置き換えていることもあります。手引を必ず確認し、確実に置換えを行いましょう。

6 置換＋計算問題

STEP 1 例題を解いてみよう！

この問題は、手引にしたがって加減乗除（＋－×÷）を置き換え、計算し、その解の一の位の数を答えるものです。ただし、計算順序は加減乗除に関係なく、左から順序どおりに計算するものとします。

（例題手引）

◎→＋　★→－　○→×　☆→÷

例題　1◎9○8☆20

例題では、「◎」が「＋」に、「○」が「×」に「☆」が「÷」に置き換えられるため、1＋9×8÷20となります。この式を、左から計算すると解は「**4**」となりますから、マークは次のようになります。

→　例題正答　1 2 3 ● 5

（例題手引）

例題1　　12○3□9◇5

解答欄 ⇨ 解答は次ページ

例題1　1 2 3 4 5　○ ○ ○ ○ ○

115

6 置換＋計算問題

 **解説を読んで，ポイントをつかもう！**

　まず、時間短縮のために記号をすべて加減乗除に置き換えましょう。その後で計算を行い答えを求めましょう。

　問題に「計算順序は加減乗除に関係なく、左から順序どおりに計算する」という条件がありますから、計算は掛け算や割り算を優先せずに左から行うことに注意が必要です。

手順①：記号をすべて加減乗除（＋－×÷）に置き換えます。

例題１　　12○3□9◇5
　　　　　　　↓
　　　　　12 ÷ 3 × 9 + 5

手順②：左から順に計算しましょう。

　問題にあるように、加減乗除に関係なく左から順に計算することに注意。

$$12 ÷ 3 × 9 + 5$$

←（九九の応用で、3 × 4 = 12 から、12 ÷ 3 = 4 がわかる）

　　4 × 9
　　　↓
　　36 + 5　　←一の位のみ計算する！
　　6 + 5
　　　↓
　　　11　　　←一の位がマークする数字になる

ポイント ココを注意！

正解は必ず1～5の中にあるので、0や6～9がでたら間違いです。計算し直しましょう。また、割り算で割り切れなかった場合も間違いの可能性が高いので、見直してみましょう。

解答

	1	2	3	4	5
例題1	●	○	○	○	○

①加減乗除の置換パターン

STEP3 練習問題

6

置換＋計算問題

問題

　この問題は、手引にしたがって加減乗除（＋－×÷）を置き換え、計算し、その解の一の位の数を答えるものです。ただし、計算順序は加減乗除に関係なく、左から順序どおりに計算するものとします。

（例題手引）

| ◎→＋ | ★→－ | ○→× | ☆→÷ |

例題　1◎9○8☆20

　例題では、「◎」が「＋」に、「○」が「×」に「☆」が「÷」に置き換えられるため、1＋9×8÷20となります。この式を、左から計算すると解は**「4」**となりますから、マークは次のようになります。

→　例題正答　　1 2 3 **4** 5
　　　　　　　　○ ○ ○ ● ○

No. 1　　19※5%6＆4

No. 2　　6%2£4※9

No. 3　　2£16＆8%10

No. 4　　11※3%4£6

No. 5　　4＆2%9%11

No. 6　　19£3※16%2

No. 7　　6%9＆5£7

No. 8　　5※2£9%4

No. 9　　6＆3%11※8

No.10　　7£4＆2%20

（手　引）

| %→＋ | ※→－ | £→× | ＆→÷ |

解答欄　⇨ 解答は234ページ

	1	2	3	4	5
No. 1	○	○	○	○	○
No. 2	○	○	○	○	○
No. 3	○	○	○	○	○
No. 4	○	○	○	○	○
No. 5	○	○	○	○	○
No. 6	○	○	○	○	○
No. 7	○	○	○	○	○
No. 8	○	○	○	○	○
No. 9	○	○	○	○	○
No.10	○	○	○	○	○

117

6 置換＋計算問題

No.11　8♪5¢19＊7
No.12　9＊3＃15¢3
No.13　11♪2＃8¢6
No.14　6＃19＊5¢4
No.15　4¢3＃23＊6
No.16　2♪13¢9＃5
No.17　16＊2♪8¢3
No.18　5¢1＃11♪3
No.19　49＊7¢4＃11
No.20　8♪4＊2¢3

（手　引）

＃→＋　¢→－　♪→×　＊→÷

No.21　6⊥9⌒3∠6
No.22　18∠6∫9⊥7
No.23　8⌒7⊥16∫5
No.24　2∫16⌒5∫9
No.25　5⊥3∫2⌒5
No.26　21⌒7∠2⊥8
No.27　9∫3⌒6⊥4
No.28　12⌒9⊥11∠7
No.29　4⌒2∫14∠7
No.30　13⊥3∠4∫8

（手　引）

⊥→＋　⌒→－　∫→×　∠→÷

No.31	1◎9○8☆20
No.32	11★3◎4○6
No.33	5○2★7◎8
No.34	9★4◎18○5
No.35	28☆4★2◎18
No.36	36◎6★3☆3
No.37	8○4☆2◎25
No.38	3★1◎12☆7
No.39	54☆9○3◎17
No.40	9○5★2○7

(手 引)

◎→＋　★→－　○→×　☆→÷

No.41	4 F 3 A 6 S 4
No.42	8 A 9 F 2 A 1
No.43	7 F 7 A 1 S 8
No.44	34 L 2 F 3 A 3
No.45	3 A 9 A 7 S 8
No.46	16 F 3 L 4 A 0
No.47	3 F 4 L 6 A 2
No.48	7 S 1 F 43 A 3
No.49	9 F 4 L 4 A 4
No.50	2 A 73 A 6 S 8

(手 引)

A→＋　S→－　F→×　L→÷

6 置換＋計算問題

2 数字の置換パターン

ポイント

　数字の置換パターンは、手引にしたがって数字を置き換えて計算を行う問題です。置き換えそのものは簡単ですが、数が多いため、置き換える文字を手引の中から素早く見つける必要があります。早く置き換え、正確に計算し、確実に正しい選択肢を選ぶよう心がけましょう。

STEP1　例題を解いてみよう！

　この問題は、手引にしたがってひらがなを数字に置き換え、計算し、その解のある選択肢の番号と同じ位置にマークするものです。

（例題手引）

あ→9	い→6	う→4	え→12	お→9
か→2	き→15	く→7	け→30	こ→15
さ→16	し→8	す→4	た→3	そ→5

	1	**2**	**3**	**4**	**5**
例題　い÷か＋そ	8	2	4	9	3

　例題では、「い」は「6」、「か」は「2」、「そ」は「5」に置き換えられるため、$6 \div 2 + 5$になります。この式を計算すると、解は「8」となり、これは選択肢番号「**1**」の位置にありますから、マークは次のようになります。

→　例題正答　　**1** ● **2** ○ **3** ○ **4** ○ **5** ○

（例題手引）

あ→20	い→5	う→6	え→16	お→8
か→48	き→17	く→28	け→1	こ→26
さ→32	し→35	す→15	せ→34	そ→4

120

②数字の置換パターン

		1	**2**	**3**	**4**	**5**
例題1	あ÷そ+き	42	20	32	22	12
例題2	う－そ+さ	37	34	38	35	36

解答欄 ⇨ 解答は次ページ

	1	**2**	**3**	**4**	**5**
例題1	○	○	○	○	○
例題2	○	○	○	○	○

6

置換＋計算問題

STEP2 解説を読んで，ポイントをつかもう！

　手引には置き換えるためのひらがなが15個あります。数は多いですが、式で用いる数字は3つですから、式そのものは簡単といえるでしょう。まず、すべてのひらがなを数字に置き換えてしまうと、時間を短縮することができます。

◎**まとめて置き換えを行ってから計算を始めましょう**

　まず、ひらがなを数字に置き換えます。

例題1　　　あ÷そ+き
　　　　　　↓
　　　　　20÷4+17

例題1と例題2に使われている「そ」は
2問まとめて置き換えてしまおう

例題2　　　う－そ+さ
　　　　　　↓
　　　　　6－4+32

ポイント ココを注意！

①50音の順番は正確に覚える。
②計算する前にひらがなをすべて置き換える。
③計算順序は指示がないので、四則計算の順序
　どおりに行う。

121

6 置換＋計算問題

「あ÷そ」を「20÷4」に置き換え計算し「5」という値をだしたあとに、「5＋き」を「5＋17」に置き換えていたのでは時間がかかってしまうので、置き換えはまとめて行います。

時間に余裕があるならば、ほかの問題もまとめて置き換えてしまいましょう。

解答

	1	2	3	4	5
例題1	○	○	○	●	○
例題2	○	●	○	○	○

STEP3 練習問題

問題

この問題は、手引にしたがってひらがなを数字に置き換え、計算し、その解のある選択肢の番号と同じ位置にマークするものです。

（例題手引）

あ→9	い→6	う→4	え→12	お→9
か→2	き→15	く→7	け→30	こ→15
さ→16	し→8	す→4	た→3	そ→5

	1	2	3	4	5
例題　い÷か+そ	8	2	4	9	3

例題では、「い」は「6」、「か」は「2」、「そ」は「5」に置き換えられるため、6÷2＋5になります。この式を計算すると、解は「8」となり、これは選択肢番号「1」の位置にありますから、マークは次のようになります。

→　例題正答　
1 2 3 4 5
● ○ ○ ○ ○

②数字の置換パターン

（手　引）

あ→2	い→71	う→34	え→40	お→8
か→14	き→22	く→7	け→65	こ→4
さ→49	し→18	す→44	せ→9	そ→13

		1	**2**	**3**	**4**	**5**
No. 1	す÷こ×あ	24	22	34	30	20
No. 2	そ×く－い	5	10	20	30	35
No. 3	さ＋し÷せ	48	49	50	51	52
No. 4	け－う＋お	41	39	37	36	44
No. 5	さ÷く×あ	14	12	10	8	7
No. 6	せ×く－え	23	24	25	26	27
No. 7	け÷そ×こ	24	32	28	16	20
No. 8	う×あ－か	50	52	54	55	56
No. 9	い－す－き	2	3	4	5	6
No.10	く＋え＋こ	53	49	56	55	51

6

置換＋計算問題

解答欄 ⇨ 解答は234ページ

	1	**2**	**3**	**4**	**5**
No. 1	○	○	○	○	○
No. 2	○	○	○	○	○
No. 3	○	○	○	○	○
No. 4	○	○	○	○	○
No. 5	○	○	○	○	○
No. 6	○	○	○	○	○
No. 7	○	○	○	○	○
No. 8	○	○	○	○	○
No. 9	○	○	○	○	○
No.10	○	○	○	○	○

6 置換＋計算問題

（手　引）

あ→2	い→18	う→16	え→4	お→6
か→15	き→9	く→11	け→3	こ→29
さ→17	し→49	す→36	せ→32	そ→22

		1	2	3	4	5
No.11	し－か＋く	45	55	43	50	40
No.12	そ÷く×あ	1	2	3	4	5
No.13	す÷お＋せ	36	30	38	34	32
No.14	お－え＋さ	25	9	19	15	29
No.15	き－け－え	3	8	1	4	2
No.16	く＋う÷え	10	15	20	25	30
No.17	し＋そ－け	49	41	68	52	66
No.18	こ－き＋お	18	24	25	21	26
No.19	す－か×あ	6	12	15	9	13
No.20	い÷お×く	22	33	44	55	66

解答欄 ⇨ 解答は234ページ

	1	2	3	4	5
No.11	○	○	○	○	○
No.12	○	○	○	○	○
No.13	○	○	○	○	○
No.14	○	○	○	○	○
No.15	○	○	○	○	○
No.16	○	○	○	○	○
No.17	○	○	○	○	○
No.18	○	○	○	○	○
No.19	○	○	○	○	○
No.20	○	○	○	○	○

②数字の置換パターン

（手　引）

あ→9	い→15	う→3	え→60	お→40
か→62	き→5	く→25	け→1	こ→12
さ→13	し→81	す→42	せ→24	そ→20

		1	**2**	**3**	**4**	**5**
No.21	う＋く－せ	9	4	8	2	6
No.22	す－え÷そ	28	41	30	40	39
No.23	お÷き×け	12	4	16	7	8
No.24	し－せ－さ	44	42	40	41	43
No.25	き×く－か	60	61	62	63	64
No.26	こ＋し÷あ	14	19	21	20	17
No.27	い÷う×き	25	24	23	22	2
No.28	す＋え÷こ	33	47	40	43	50
No.29	さ×う－く	24	20	23	14	19
No.30	い＋け＋え	72	76	67	66	60

6

置換＋計算問題

解答欄　⇨ 解答は 234 ページ

	1	2	3	4	5
No.21	◯	◯	◯	◯	◯
No.22	◯	◯	◯	◯	◯
No.23	◯	◯	◯	◯	◯
No.24	◯	◯	◯	◯	◯
No.25	◯	◯	◯	◯	◯
No.26	◯	◯	◯	◯	◯
No.27	◯	◯	◯	◯	◯
No.28	◯	◯	◯	◯	◯
No.29	◯	◯	◯	◯	◯
No.30	◯	◯	◯	◯	◯

6 置換＋計算問題

（手 引）

あ→29	い→36	う→8	え→42	お→9
か→2	き→15	く→5	け→31	こ→18
さ→16	し→80	す→4	せ→1	そ→54

		1	2	3	4	5
No.31	し÷う－お	5	2	4	1	3
No.32	そ－あ－か	19	25	21	23	20
No.33	す×き－け	31	30	49	18	29
No.34	こ÷か×せ	9	8	7	6	5
No.35	う＋し－え	38	40	42	44	46
No.36	い÷お×す	16	18	20	10	22
No.37	あ×か－そ	5	4	3	52	66
No.38	お＋し÷さ	1	7	14	2	28
No.39	け－き＋こ	39	40	34	36	43
No.40	う×く＋え	63	65	76	82	90

解答欄 ⇨ 解答は234ページ

	1	2	3	4	5
No.31	○	○	○	○	○
No.32	○	○	○	○	○
No.33	○	○	○	○	○
No.34	○	○	○	○	○
No.35	○	○	○	○	○
No.36	○	○	○	○	○
No.37	○	○	○	○	○
No.38	○	○	○	○	○
No.39	○	○	○	○	○
No.40	○	○	○	○	○

②数字の置換パターン

（手　引）

あ→14	い→6	う→13	え→18	お→5
か→2	き→7	く→24	け→9	こ→26
さ→3	し→31	す→22	せ→17	そ→10

		1	2	3	4	5
No.41	え－い＋お	13	15	17	19	21
No.42	か×け×さ	21	27	45	54	38
No.43	く÷さ＋そ	12	18	37	35	28
No.44	し＋お×そ	81	1	72	18	90
No.45	あ＋く－こ	50	12	3	16	25
No.46	せ＋し＋お	51	59	48	53	54
No.47	あ×う÷こ	7	6	5	3	10
No.48	せ×お÷お	20	10	13	15	17
No.49	き×い－え	28	18	36	33	24
No.50	あ－か＋さ	14	15	16	17	18

6 置換＋計算問題

解答欄 ⇨ 解答は235ページ

	1	2	3	4	5
No.41	○	○	○	○	○
No.42	○	○	○	○	○
No.43	○	○	○	○	○
No.44	○	○	○	○	○
No.45	○	○	○	○	○
No.46	○	○	○	○	○
No.47	○	○	○	○	○
No.48	○	○	○	○	○
No.49	○	○	○	○	○
No.50	○	○	○	○	○

6 置換＋計算問題

3 表を用いた置換パターン

ポイント

　手引の表にしたがって、与えられた情報を置き換えて計算する問題です。表の中から該当する数字を素早く探しだすことがポイントです。注意する点は、＋や−よりも×や÷を優先して先に計算するという加減乗除にのっとった計算順序ではなく、左から順に計算する条件があることです。この条件を勘違いしたまま解いてしまわぬよう気をつけましょう。

STEP1 例題を解いてみよう！

　この問題は、手引にしたがってアルファベットの組み合わせを数字に置き換え、計算し、その解のある選択肢の番号と同じ位置にマークするものです。ただし、計算順序は加減乗除に関係なく、左から順序どおりに計算するものとします。

（例題手引）

	a	b	c	d	e
A	7	1	9	8	13
B	10	24	19	30	6
C	12	2	4	16	0
D	21	40	35	5	22

	1	**2**	**3**	**4**	**5**
例題　Ｂｂ−Ｃｄ−Ａａ×Ｄｅ	20	21	22	23	24

　例題では、「Ｂｂ」が「24」、「Ｃｄ」が「16」、「Ａａ」が「7」、「Ｄｅ」が「22」に置き換えられるため、24−16−7×22となります。この式を左から計算すると、解は「22」となり、これは選択肢番号「**3**」の位置にありますからマークは次のようになります。

→　例題正答　　**1** 2 **3** 4 **5**
　　　　　　　　○ ○ ● ○ ○

128

③表を用いた置換パターン

（例題手引）

	k	b	n	m	i
A	3	14	32	25	12
B	8	1	16	0	5
C	10	2	4	34	11
D	20	6	7	15	9

例題1　　A b － C k × A i － D m

1	2	3	4	5
30	31	32	33	34

解答欄 ⇨ 解答はこのページの下

	1	2	3	4	5
例題1	○	○	○	○	○

6

置換＋計算問題

STEP2　解説を読んで，ポイントをつかもう！

　まず、手引にしたがってアルファベットの組み合わせをすべて数字に置き換え、その後で式を計算するようにしましょう。

手順①：アルファベットの組み合わせをすべて置き換えましょう。

例題1　　A b － C k × A i － D m

　　　　　　　　　↓　　　　　　　　　　　　←すべて数字に置き換える

　　　　　14 － 10 × 12 － 15

手順②：問題の条件にしたがって左から①→②→③の順に計算します。

① 14 － 10 × 12 － 15 ──┐
② 　　　 4 × 12 － 15 ←──┘「10 × 12」からではなく「14 － 10」から計算する
③ 　　　　 48 － 15 ＝ 33

「左から順に計算する」という条件を忘れてはいけません。

ポイント ココを注意！

　まずアルファベットの組み合わせを数字にすべて置き換えます。問題に「計算順序は加減乗除に関係なく、左から順序どおりにする」という指示があるので、必ず左から計算しましょう。

解答

	1	2	3	4	5
例題1	○	○	○	●	○

129

6 置換＋計算問題

STEP3 練習問題

問題

　この問題は、手引にしたがってアルファベットの組み合わせを数字に置き換え、計算し、その解のある選択肢の番号と同じ位置にマークするものです。ただし、計算順序は加減乗除に関係なく、左から順序どおりに計算するものとします。

（例題手引）

	a	b	c	d	e
A	7	1	9	8	13
B	10	24	19	30	6
C	12	2	4	16	0
D	21	40	35	5	22

	1	**2**	**3**	**4**	**5**
例題　Ｂｂ－Ｃｄ－Ａａ×Ｄｅ	20	21	22	23	24

　例題では、「Ｂｂ」が「24」、「Ｃｄ」が「16」、「Ａａ」が「7」、「Ｄｅ」が「22」に置き換えられるため、24 － 16 － 7 × 22 となります。この式を左から計算すると、解は「22」となり、これは選択肢番号「**3**」の位置にありますから、マークは次のようになります。

　　　　　　　　　　　　　　　→　　例題正答　　　**1** **2** **3** **4** **5**
　　　　　　　　　　　　　　　　　　　　　　　　○　○　●　○　○

130

③表を用いた置換パターン

6
置換＋計算問題

（手　引）

	u	h	s	i	a
E	20	4	2	8	10
F	13	9	24	15	40
G	28	36	30	33	3
H	6	5	11	1	12

		1	2	3	4	5
No. 1	F u − H s × F s − F a	2	4	6	8	10
No. 2	G s × G a − E u + H a	70	88	64	76	82
No. 3	H i + E a ÷ H s + E s	3	6	9	12	15
No. 4	G i ÷ H s × F i − F a	5	4	3	2	1
No. 5	H h × H u − F u + G h	54	53	52	51	50
No. 6	F h − G a × E s × E s	6	30	12	18	24
No. 7	E a × H u ÷ G s × F a	72	92	80	77	65
No. 8	F s ÷ H a + E u + G h	52	54	56	58	60
No. 9	H s − H u × F u − F a	28	25	30	40	32
No.10	F i + F h + F s ÷ H a	2	5	4	6	8

解答欄 ⇨ 解答は 235 ページ

	1	2	3	4	5
No. 1	◯	◯	◯	◯	◯
No. 2	◯	◯	◯	◯	◯
No. 3	◯	◯	◯	◯	◯
No. 4	◯	◯	◯	◯	◯
No. 5	◯	◯	◯	◯	◯
No. 6	◯	◯	◯	◯	◯
No. 7	◯	◯	◯	◯	◯
No. 8	◯	◯	◯	◯	◯
No. 9	◯	◯	◯	◯	◯
No.10	◯	◯	◯	◯	◯

6 置換＋計算問題

（手　引）

	n	w	d	g	l
I	8	34	26	58	5
J	29	15	6	38	4
K	14	43	41	20	18
L	32	1	30	9	2

		1	2	3	4	5
No.11	J l × K n − I w + K l	32	34	36	38	40
No.12	L g + J d × K g ÷ L d	8	10	6	12	15
No.13	K d − J w + I n − I d	6	7	8	9	10
No.14	L n ÷ L l + I g − K w	25	30	28	34	31
No.15	I l × L w + L g ÷ K n	2	4	5	1	3
No.16	K d − I d − J d + L n	41	43	45	47	49
No.17	K g ÷ I l × J w ÷ K g	9	3	2	8	15
No.18	L g × I n − J l − I w	32	33	34	35	36
No.19	K l ÷ J d + I g − I l	59	58	57	56	55
No.20	J n − K n + K g + K d	76	70	68	74	72

解答欄　⇨ 解答は235ページ

	1	2	3	4	5
No.11	○	○	○	○	○
No.12	○	○	○	○	○
No.13	○	○	○	○	○
No.14	○	○	○	○	○
No.15	○	○	○	○	○
No.16	○	○	○	○	○
No.17	○	○	○	○	○
No.18	○	○	○	○	○
No.19	○	○	○	○	○
No.20	○	○	○	○	○

③表を用いた置換パターン

（手　引）

	f	r	v	y	a
M	19	1	13	39	25
N	18	22	24	7	8
O	2	40	44	38	17
P	34	11	21	47	20

6
置換＋計算問題

		1	2	3	4	5
No.21	P a ÷ O f ＋ O v － M y	1	5	10	15	20
No.22	N f － M v × N y ＋ O y	78	74	79	73	70
No.23	P r × N a － M y － O r	9	11	13	15	17
No.24	O a ＋ M f ＋ N r － M a	28	31	33	37	1
No.25	O v ÷ P r × O f × N a	62	64	66	68	70
No.26	P f － M r － M v ＋ P a	44	3	4	41	40
No.27	M y ＋ O a ÷ N y ＋ P y	55	56	57	58	59
No.28	N r ＋ P v ＋ P r － M f	28	38	40	30	35
No.29	M a × N a ÷ O f － O r	57	60	59	63	64
No.30	P f ＋ P y － M r ÷ N a	8	10	12	14	16

解答欄　⇨ 解答は235ページ

	1	2	3	4	5
No.21	○	○	○	○	○
No.22	○	○	○	○	○
No.23	○	○	○	○	○
No.24	○	○	○	○	○
No.25	○	○	○	○	○
No.26	○	○	○	○	○
No.27	○	○	○	○	○
No.28	○	○	○	○	○
No.29	○	○	○	○	○
No.30	○	○	○	○	○

6 置換＋計算問題

（手　引）

	h	k	g	m	p
Q	5	23	36	3	26
R	29	12	35	16	9
S	38	6	27	33	18
T	14	39	15	10	41

		1	2	3	4	5
No.31	$S k + Q p \div R m \times Q h$	8	10	12	14	16
No.32	$T k - R g + T m + R m$	30	32	27	29	31
No.33	$T p + T h \div Q h \times R p$	81	89	90	94	99
No.34	$R k \times Q m - R g + S m$	30	32	34	36	38
No.35	$R h + S g + R p \div Q h$	10	11	12	13	14
No.36	$Q g + T g - T p \times S k$	60	58	55	53	62
No.37	$R m - S k + Q k \div S m$	5	2	1	3	4
No.38	$S p \times Q m \div S g \times S g$	49	53	51	47	54
No.39	$Q p + R g - T h - S h$	6	9	12	15	18
No.40	$T m \times R k \div S k + R h$	46	47	48	49	50

解答欄 ⇨ 解答は235ページ

	1	2	3	4	5
No.31	○	○	○	○	○
No.32	○	○	○	○	○
No.33	○	○	○	○	○
No.34	○	○	○	○	○
No.35	○	○	○	○	○
No.36	○	○	○	○	○
No.37	○	○	○	○	○
No.38	○	○	○	○	○
No.39	○	○	○	○	○
No.40	○	○	○	○	○

③表を用いた置換パターン

（手　引）

	b	n	o	d	g
U	9	21	12	2	11
V	6	20	27	10	28
W	13	34	35	14	5
X	31	19	7	13	1

		1	2	3	4	5
No.41	U n ＋ X o ＋ X d － V g	11	13	17	21	19
No.42	U b × V n － W d ＋ U o	175	176	177	178	179
No.43	W n ＋ V o × X g － X b	24	36	30	28	20
No.44	X d ＋ X n － V d ＋ U b	39	35	33	37	31
No.45	W o ÷ W g × X o ＋ U d	49	51	63	58	42
No.46	W g ＋ V d － X o ＋ X b	39	27	40	41	38
No.47	V g ＋ W n ÷ U d ＋ U g	50	42	44	41	43
No.48	V g ＋ V b ＋ W d － W b	31	34	35	36	39
No.49	W g ＋ X b － U o ÷ V b	10	4	1	3	7
No.50	V n ＋ X n － V g × U d	24	19	17	23	22

6 置換＋計算問題

解答欄 ⇨ 解答は235ページ

	1	2	3	4	5
No.41	○	○	○	○	○
No.42	○	○	○	○	○
No.43	○	○	○	○	○
No.44	○	○	○	○	○
No.45	○	○	○	○	○
No.46	○	○	○	○	○
No.47	○	○	○	○	○
No.48	○	○	○	○	○
No.49	○	○	○	○	○
No.50	○	○	○	○	○

複合問題編

7 計算＋分類問題

「計算＋分類問題」では、「計算」と「分類」の２つの力が必要となります。
　計算で導いた解を分類表にしたがって分類する問題が主に出題されます。
問題は単純なものが多いですが、問題によっては多くの式を計算する必要が
あるため、計算のスピードが求められます。
　「計算＋分類」は複合問題の中でも基本的な問題となるので、たくさん問題
を解き、早く計算、分類できるようになりましょう。

「計算＋ 分類問題」で 出題される 問題パターン	**①** 解の分類パターン
	② 同じ解を探す分類パターン
	③ □を求める分類パターン

① 解の分類パターン

　与えられた式を計算し、その解を分類表にしたがって分類する問題です。
式の計算も分類の仕方も比較的簡単なものなので、できるだけ早く、正
確に問題を解くことを目指しましょう。

例題① 　この問題は、与えられた式を計算し、分類表の中から、その解が
　含まれる欄を選び、その欄のある選択肢の番号と同じ位置にマークする
　ものです。

（例題分類表）

1	2	3	4	5
11～18	19～29	43～52	81～97	140～151
170～180	121～135	154～166	71～80	99～110

例題 　$20 \times 2 + 1 + 3$

136

例題では、$20 \times 2 + 1 + 3$を計算すると、解は「44」となり、「44」は「**3**」の欄の上の段にある「43〜52」に含まれますので、マークは次のようになります。

→　例題①正答　　1 2 **3** 4 5
　　　　　　　　　○ ○ ● ○ ○

② 同じ解を探す分類パターン

7

計算＋分類問題

　与えられた式を計算し、その解と同じ解になる式を、分類表の中から探す問題です。与えられる式と分類表の中の式をどちらも計算する必要があります。どちらかの式の解を間違えてしまうと正解することはできません。計算は正確に行いましょう。

例題②　この問題は、与えられた式を計算し、分類表の中から、その解と同じ解になる式が含まれる欄を選び、その欄のある選択肢の番号と同じ位置にマークするものです。

（例題分類表）

1	2	3	4	5
$7 \div 7$	$40 \div 8$	9×3	3×3	$18 \div 3$
$7 + 11$	$18 - 6$	2×1	$48 \div 3$	4×9
11×2	$26 - 5$	$10 - 7$	$1 + 12$	6×5

例題　　$5 \times 4 - 2$

　例題では、$5 \times 4 - 2$を計算すると、解は「18」となり、「18」は「**1**」の欄の真ん中の段にある「7 + 11」と同じ解になりますので、マークは次のようになります。

→　例題②正答　　**1** 2 3 4 5
　　　　　　　　　● ○ ○ ○ ○

137

7 計算＋分類問題

③ □を求める分類パターン

　　与えられた式が成り立つように□に入る数字を求め、その数字が分類表のどの欄にあるかを答える問題です。「①解の分類パターン」に似ていますが、式の解が含まれる欄を答えるのではなく、□に入る数字が含まれる欄を答えることに注意しましょう。

例題③　この問題は、与えられた数式が成り立つよう、□に当てはまる数字が含まれる欄を選び、その欄のある選択肢の番号と同じ位置にマークするものです。

（例題分類表）

1	2	3	4	5
36〜39	24〜27	10〜18	40〜48	5〜9
0〜4	54〜58	49〜53	28〜35	19〜22

　　例題　□＋6－4＝6

　　例題では、□＋6－4＝6が成り立つとき、□に入る数字は「4」となり、「4」は「1」の欄の下の段にある「0〜4」に含まれますので、マークは次のようになります。

　　　　　　　　　　　　　　　　　　　　　　　　1 2 3 4 5
　　　　　　　→　　例題③正答　　●　○　○　○　○

138

①解の分類パターン

1 解の分類パターン

ポイント

　解の分類パターンは、与えられた式を計算し、その解を分類する、複合問題「計算＋分類」の基本となる問題です。正解を確実に導く計算力と、それを正確に分類する力が求められます。問題そのものは複雑ではないので、あまり時間をかけずに、どんどん解いていきましょう。

7

計算＋分類問題

STEP1 例題を解いてみよう！

　この問題は、与えられた式を計算し、分類表の中から、その解が含まれる欄を選び、その欄のある選択肢の番号と同じ位置にマークするものです。

（例題分類表）

1	2	3	4	5
11～18	19～29	43～52	81～97	140～151
170～180	121～135	154～166	71～80	99～110

　例題　$20 \times 2 + 1 + 3$

　例題では、$20 \times 2 + 1 + 3$を計算すると、解は「44」となり、「44」は「**3**」の欄の上の段にある「43～52」に含まれますので、マークは次のようになります。

→　例題正答　　① ② ● ④ ⑤

（例題分類表）

1	2	3	4	5
111～129	198～209	83～92	181～197	140～153
167～180	130～139	154～166	71～82	93～110

例題1　　　$4 \times 25 - 4 \times 6$

例題2　　　$100 \div 4 + 69 + 37$

解答欄 ⇨ 解答は次ページ

	1	2	3	4	5
例題1	○	○	○	○	○
例題2	○	○	○	○	○

139

7 計算＋分類問題

STEP2 解説を読んで，ポイントをつかもう！

　計算によってだした解が、分類表のどの欄に含まれるのかをできるだけ早く見つけだすことがポイントとなります。

　分類表の中の数字は範囲が広いですが、解が2桁ならば2桁の数字が含まれる欄を、解が3桁になるならば3桁の数字が含まれる欄を素早くチェックしましょう。

　例題1は「$4 \times 25 - 4 \times 6$」→「$100 - 24$」となり、解の「76」が導きだせます。「76」は2桁ですから、2桁の数字の範囲に注目しましょう。

1	2	3	4	5
111〜129	198〜209	83〜92	181〜197	140〜153
167〜180	130〜139	154〜166	71〜82	93〜110

　「76」は選択肢「**4**」の「71〜82」の範囲に含まれるので、答えは「**4**」となります。

　例題2　「$100 \div 4 + 69 + 37$」の値は「131」となります。ですから、3桁の数字の範囲、そして十の位に注目しましょう。

1	2	3	4	5
111〜129	198〜209	83〜92	181〜197	140〜153
167〜180	130〜139	154〜166	71〜82	93〜110

　「3桁の数字の範囲」であり「十の位が3」の欄は「130〜139」しかありませんので、答えは「**2**」となります。

ポイント スピードアップ

25の2倍は50　　よく出題される数の倍数は覚えておくと便利です。
50の2倍は100　　計算をしなくても、すぐに値が思い浮かぶようになると、
25の4倍は100　　解答時間が格段に早くなります。
25は100の$\frac{1}{4}$

ポイント ココを注意！

四則計算が混じっています。最初に掛け算・割り算、次に足し算・引き算を行う、そして、くり上げがない、計算しやすいところから計算するという基本を思い出しましょう。

解 答

	1	2	3	4	5
例題1	○	○	○	●	○
例題2	○	●	○	○	○

140

①解の分類パターン

STEP3 練習問題

問題

この問題は、与えられた式を計算し、分類表の中から、その解が含まれる欄を選び、その欄のある選択肢の番号と同じ位置にマークするものです。

（例題分類表）

1	2	3	4	5
$11 \sim 18$	$19 \sim 29$	$43 \sim 52$	$81 \sim 97$	$140 \sim 151$
$170 \sim 180$	$121 \sim 135$	$154 \sim 166$	$71 \sim 80$	$99 \sim 110$

例題 $20 \times 2 + 1 + 3$

例題では、$20 \times 2 + 1 + 3$を計算すると、解は「44」となり、「44」は「**3**」の欄の上の段にある「43〜52」に含まれますので、マークは次のようになります。

→ 例題正答

1	2	3	4	5
○	○	●	○	○

（分類表）

1	2	3	4	5
$64 \sim 70$	$89 \sim 105$	$79 \sim 88$	$26 \sim 42$	$106 \sim 130$
$0 \sim 19$	$43 \sim 56$	$20 \sim 25$	$71 \sim 78$	$57 \sim 63$

No. 1 　$18 \times 3 + 2 \times 9$

No. 2 　$24 \div 6 \times 20 - 19$

No. 3 　$6 \times 14 - 8 + 11$

No. 4 　$45 - 42 \div 3 - 6$

No. 5 　$84 \div 7 + 4 \times 8$

No. 6 　$13 \times 3 \times 3 - 21$

No. 7 　$42 + 11 + 2 \times 4$

No. 8 　$60 \div 5 \times 4 - 8$

No. 9 　$96 \div 4 - 8 + 2$

No.10 　$9 \times 8 - 2 \times 23$

解答欄 ⇨ 解答は235ページ

	1	2	3	4	5
No. 1	○	○	○	○	○
No. 2	○	○	○	○	○
No. 3	○	○	○	○	○
No. 4	○	○	○	○	○
No. 5	○	○	○	○	○
No. 6	○	○	○	○	○
No. 7	○	○	○	○	○
No. 8	○	○	○	○	○
No. 9	○	○	○	○	○
No.10	○	○	○	○	○

7

計算＋分類問題

7 計算＋分類問題

（分類表）

1	2	3	4	5
58〜64	81〜84	104〜111	130〜140	65〜73
98〜103	112〜129	74〜80	90〜97	85〜89

No.11 $8 \times 8 + 14 - 9$

No.12 $15 + 42 \times 2 - 23$

No.13 $123 \div 3 + 7 \times 8$

No.14 $38 \times 2 + 15 \times 4$

No.15 $92 - 8 \times 9 + 40$

No.16 $81 \div 3 + 18 + 38$

No.17 $16 \times 5 - 28 \div 4$

No.18 $12 + 6 \times 7 + 25$

No.19 $4 \times 9 \times 3 - 8$

No.20 $48 \div 6 \times 5 \times 3$

解答欄 ⇨ 解答は 235 ページ

	1	2	3	4	5
No.11	◯	◯	◯	◯	◯
No.12	◯	◯	◯	◯	◯
No.13	◯	◯	◯	◯	◯
No.14	◯	◯	◯	◯	◯
No.15	◯	◯	◯	◯	◯
No.16	◯	◯	◯	◯	◯
No.17	◯	◯	◯	◯	◯
No.18	◯	◯	◯	◯	◯
No.19	◯	◯	◯	◯	◯
No.20	◯	◯	◯	◯	◯

①解の分類パターン

（分類表）

1	2	3	4	5
50～55	79～83	62～67	41～49	84～92
68～72	32～40	23～31	73～78	56～61

No.21 $49 \times 2 - 63 \div 3$

No.22 $12 + 7 \times 8 + 2$

No.23 $50 \div 2 \times 4 - 10$

No.24 $21 + 43 - 9 - 14$

No.25 $9 \times 8 - 5 \times 9$

No.26 $48 \div 4 \div 3 \times 8$

No.27 $18 + 62 \div 2 + 6$

No.28 $6 \times 16 \div 3 + 28$

No.29 $54 - 49 + 7 \times 11$

No.30 $38 \div 2 \times 6 - 50$

7

計算＋分類問題

解答欄 ⇨ 解答は235ページ

	1	2	3	4	5
No.21	○	○	○	○	○
No.22	○	○	○	○	○
No.23	○	○	○	○	○
No.24	○	○	○	○	○
No.25	○	○	○	○	○
No.26	○	○	○	○	○
No.27	○	○	○	○	○
No.28	○	○	○	○	○
No.29	○	○	○	○	○
No.30	○	○	○	○	○

7 計算＋分類問題

（分類表）

1	2	3	4	5
70〜83	6〜18	25〜43	58〜69	96〜118
19〜24	119〜131	84〜95	132〜148	44〜57

No.31 $65 \div 5 + 7 + 4$

No.32 $5 + 48 \div 3 \times 4$

No.33 $33 \div 11 \times 12 \times 3$

No.34 $48 \div 4 - 57 \div 19$

No.35 $5 \times 11 + 8 \times 8$

No.36 $98 - 51 + 44 - 20$

No.37 $6 \times 8 - 18 \div 3$

No.38 $12 + 11 \times 2 + 19$

No.39 $28 \div 4 \times 6 \times 2$

No.40 $84 \div 3 + 8 \times 14$

解答欄 ⇨ 解答は 235 ページ

	1	2	3	4	5
No.31	◯	◯	◯	◯	◯
No.32	◯	◯	◯	◯	◯
No.33	◯	◯	◯	◯	◯
No.34	◯	◯	◯	◯	◯
No.35	◯	◯	◯	◯	◯
No.36	◯	◯	◯	◯	◯
No.37	◯	◯	◯	◯	◯
No.38	◯	◯	◯	◯	◯
No.39	◯	◯	◯	◯	◯
No.40	◯	◯	◯	◯	◯

（①解の分類パターン）

（分類表）

1	2	3	4	5
36～45	59～64	84～91	110～120	46～53
98～103	92～97	54～58	70～78	65～69

No.41 $17 + 52 - 2 \times 2$

No.42 $36 \times 3 - 30 \div 2$

No.43 $7 \times 7 + 10 - 7$

No.44 $12 \times 2 + 9 + 7$

No.45 $84 \div 7 \times 3 + 1$

No.46 $98 - 57 + 32 - 8$

No.47 $4 \times 10 \times 3 - 2$

No.48 $61 - 9 + 7 \times 5$

No.49 $9 \times 5 - 17 + 19$

No.50 $37 + 36 + 39 + 6$

7
計算＋分類問題

解答欄 ⇨ 解答は235ページ

	1	2	3	4	5
No.41	○	○	○	○	○
No.42	○	○	○	○	○
No.43	○	○	○	○	○
No.44	○	○	○	○	○
No.45	○	○	○	○	○
No.46	○	○	○	○	○
No.47	○	○	○	○	○
No.48	○	○	○	○	○
No.49	○	○	○	○	○
No.50	○	○	○	○	○

7 計算＋分類問題

2 同じ解を探す分類パターン

ポイント

　与えられた式と同じ解になる式を、分類表の中から選ぶ問題です。1つの問題に対して、少なくとも2つ以上の式を計算する必要があります。計算そのものは単純ですが、それだけに簡単な計算間違いも多くみられます。式の数は多いですが、集中してひとつひとつ確実に解を求めることが大切です。

STEP1　例題を解いてみよう！

　この問題は、与えられた式を計算し、分類表の中から、その解と同じ解になる式が含まれる欄を選び、その欄のある選択肢の番号と同じ位置にマークするものです。

（例題分類表）

1	2	3	4	5
$7 \div 7$	$40 \div 8$	9×3	3×3	$18 \div 3$
$7 + 11$	$18 - 6$	2×1	$48 \div 3$	4×9
11×2	$26 - 5$	$10 - 7$	$1 + 12$	6×5

例題　$5 \times 4 - 2$

　例題では、$5 \times 4 - 2$を計算すると、解は「18」となり、「18」は「**1**」の欄の真ん中の段にある「$7 + 11$」と同じ解になりますので、マークは次のようになります。

→　例題正答　　**1 2 3 4 5**　　● ○ ○ ○ ○

（例題分類表）

1	2	3	4	5
$30 \div 6$	$23 - 8$	14×2	$5 + 38$	$14 + 7$
2×4	$72 \div 2$	$8 - 6$	$18 \div 3$	$43 - 11$
$18 + 20$	4×4	$20 + 9$	$15 - 6$	$80 \div 4$

146

②同じ解を探す分類パターン

例題1　　　$11 + 45 \div 9$

例題2　　　$50 - 31 + 24$

例題3　　　$8 \times 6 - 20$

解答欄	⇨ 解答は次ページ

	1	2	3	4	5
例題1	○	○	○	○	○
例題2	○	○	○	○	○
例題3	○	○	○	○	○

7

計算＋分類問題

STEP2 解説を読んで，ポイントをつかもう！

　分類表の中には合計15の式があります。分類表の式をすべて計算すると、その解は次のようになります。

1	2	3	4	5
$30 \div 6$	$23 - 8$	14×2	$5 + 38$	$14 + 7$
2×4	$72 \div 2$	$8 - 6$	$18 \div 3$	$43 - 11$
$18 + 20$	4×4	$20 + 9$	$15 - 6$	$80 \div 4$

↓

1	2	3	4	5
5	15	28	43	21
8	36	2	6	32
38	16	29	9	20

例題1　　　$11 + 45 \div 9 = 16$

例題2　　　$50 - 31 + 24 = 43$

例題3　　　$8 \times 6 - 20 = 28$

表の式を計算しておけば
すぐに解を分類できる

ポイント ココを注意！

九九は必ず覚えましょう。
余裕がある場合には、2桁×1桁または1桁×
2桁の答えがすぐに出るよう、チャレンジして
みましょう。解答速度が格段に速くなります。

147

7 計算＋分類問題

　解答時間にもよりますが、すべての式を最初に計算しておくと、分類を早く行うことができます。問題ごとに同じ解となる式を探す場合は、計算して一度出した解は分類表に書き込んでおきましょう。

解 答

	1	2	3	4	5
例題1	○	●	○	○	○
例題2	○	○	○	●	○
例題3	○	○	●	○	○

STEP3　練習問題

問 題

　この問題は、与えられた式を計算し、分類表の中から、その解と同じ解になる式が含まれる欄を選び、その欄のある選択肢の番号と同じ位置にマークするものです。

（例題分類表）

1	2	3	4	5
$7 \div 7$	$40 \div 8$	9×3	3×3	$18 \div 3$
$7 + 11$	$18 - 6$	2×1	$48 \div 3$	4×9
11×2	$26 - 5$	$10 - 7$	$1 + 12$	6×5

例題　　$5 \times 4 - 2$

　例題では、$5 \times 4 - 2$を計算すると、解は「18」となり、「18」は「**1**」の欄の真ん中の段にある「$7 + 11$」と同じ解になりますので、マークは次のようになります。

→　例題正答

1	2	3	4	5
●	○	○	○	○

148

②同じ解を探す分類パターン

（分類表）

1	2	3	4	5
$14 \div 7$	$32 \div 8$	9×3	3×3	$18 \div 3$
$7 + 18$	$18 - 7$	2×5	$48 \div 6$	5×9
11×2	$26 - 5$	$12 - 7$	$13 + 2$	6×2

No. 1　　$4 \times 4 - 6$

No. 2　　$32 \div 8 + 1$

No. 3　　$2 \times 3 + 6$

No. 4　　$22 - 9 \times 2$

No. 5　　$18 \div 3 + 16$

No. 6　　$33 \div 3 - 9$

No. 7　　$2 + 11 + 2$

No. 8　　$8 \times 2 - 10$

No. 9　　$5 \div 5 + 10$

No.10　　$6 + 14 \div 7$

7

計算＋分類問題

解答欄 ⇨ 解答は236ページ

	1	2	3	4	5
No. 1	○	○	○	○	○
No. 2	○	○	○	○	○
No. 3	○	○	○	○	○
No. 4	○	○	○	○	○
No. 5	○	○	○	○	○
No. 6	○	○	○	○	○
No. 7	○	○	○	○	○
No. 8	○	○	○	○	○
No. 9	○	○	○	○	○
No.10	○	○	○	○	○

7 計算＋分類問題

（分類表）

1	2	3	4	5
$41 - 25$	9×3	$10 - 9$	2×5	$16 + 3$
4×9	$34 \div 2$	7×3	$42 \div 6$	$22 - 4$
$9 + 11$	$2 + 4$	$12 \div 4$	$8 + 15$	$40 \div 8$

No.11 　$36 \div 3 + 4$
No.12 　$3 + 7 \times 2$
No.13 　$9 \times 3 + 9$
No.14 　$48 - 29 + 2$
No.15 　$4 \times 8 - 9$
No.16 　$12 \times 2 - 18$
No.17 　$64 \div 8 - 3$
No.18 　$6 + 24 \div 6$
No.19 　$52 \div 13 - 3$
No.20 　$36 - 4 \times 4$

解答欄 ⇨ 解答は236ページ

	1	2	3	4	5
No.11	○	○	○	○	○
No.12	○	○	○	○	○
No.13	○	○	○	○	○
No.14	○	○	○	○	○
No.15	○	○	○	○	○
No.16	○	○	○	○	○
No.17	○	○	○	○	○
No.18	○	○	○	○	○
No.19	○	○	○	○	○
No.20	○	○	○	○	○

②同じ解を探す分類パターン

（分類表）

1	2	3	4	5
$56 \div 8$	$25 - 6$	7×4	$62 - 51$	$56 \div 14$
6×4	$9 \div 3$	$22 - 20$	$4 + 17$	3×13
18×2	$15 + 18$	$40 - 15$	$45 \div 9$	$4 + 6$

No.21 $4 \times 9 + 3$

No.22 $12 \times 3 - 15$

No.23 $17 + 63 \div 9$

No.24 $2 \times 8 + 20$

No.25 $8 + 21 \div 7$

No.26 $35 \div 5 - 4$

No.27 $11 \times 3 - 8$

No.28 $5 \times 4 \div 2$

No.29 $38 \div 2 - 17$

No.30 $57 - 8 \times 3$

7

計算＋分類問題

解答欄 ⇨ 解答は 236 ページ

	1	2	3	4	5
No.21	◯	◯	◯	◯	◯
No.22	◯	◯	◯	◯	◯
No.23	◯	◯	◯	◯	◯
No.24	◯	◯	◯	◯	◯
No.25	◯	◯	◯	◯	◯
No.26	◯	◯	◯	◯	◯
No.27	◯	◯	◯	◯	◯
No.28	◯	◯	◯	◯	◯
No.29	◯	◯	◯	◯	◯
No.30	◯	◯	◯	◯	◯

7 計算＋分類問題

（分類表）

1	2	3	4	5
$29 - 19$	$6 + 29$	$48 \div 3$	$63 \div 7$	9×4
3×8	$30 - 19$	$1 + 4$	2×11	$8 + 6$
$21 + 11$	$16 \div 2$	2×10	$9 - 3$	$34 \div 2$

No.31 $39 \div 3 - 3$

No.32 $6 + 12 \div 4$

No.33 $22 \div 2 \times 2$

No.34 $60 \div 5 + 2$

No.35 $9 \times 8 - 56$

No.36 $3 \times 9 - 7$

No.37 $23 + 48 \div 4$

No.38 $4 \times 4 \times 2$

No.39 $15 + 2 - 9$

No.40 $2 \times 8 + 1$

解答欄 ⇨ 解答は236ページ

	1	2	3	4	5
No.31	○	○	○	○	○
No.32	○	○	○	○	○
No.33	○	○	○	○	○
No.34	○	○	○	○	○
No.35	○	○	○	○	○
No.36	○	○	○	○	○
No.37	○	○	○	○	○
No.38	○	○	○	○	○
No.39	○	○	○	○	○
No.40	○	○	○	○	○

②同じ解を探す分類パターン

（分類表）

1	2	3	4	5
$34 + 7$	5×4	$41 - 13$	$12 + 36$	14×4
$9 \div 3$	19×3	6×6	$63 \div 3$	$72 - 38$
$21 - 4$	$52 - 14$	$32 \div 16$	$18 + 19$	$60 \div 15$

No.41　　$12 \times 2 + 24$

No.42　　$34 + 11 - 7$

No.43　　$10 \div 2 + 16$

No.44　　$18 - 7 \times 2$

No.45　　$4 \times 8 - 15$

No.46　　$19 + 36 \div 2$

No.47　　$21 + 52 - 16$

No.48　　$16 \div 4 \times 14$

No.49　　$3 \times 12 - 34$

No.50　　$67 - 9 - 17$

7

計算＋分類問題

解答欄　⇨ 解答は236ページ

	1	2	3	4	5
No.41	◯	◯	◯	◯	◯
No.42	◯	◯	◯	◯	◯
No.43	◯	◯	◯	◯	◯
No.44	◯	◯	◯	◯	◯
No.45	◯	◯	◯	◯	◯
No.46	◯	◯	◯	◯	◯
No.47	◯	◯	◯	◯	◯
No.48	◯	◯	◯	◯	◯
No.49	◯	◯	◯	◯	◯
No.50	◯	◯	◯	◯	◯

7 計算＋分類問題

3 □を求める分類パターン

ポイント

　□に当てはまる数字が含まれる範囲を、分類表から選ぶ問題です。「計算」の基本と「分類」の基本があわさった問題といえます。まずは□を求める「虫食い算」を確実に解き、□に当てはまる数字を求めましょう。計算を間違える、分類を誤るなど、ケアレスミスに注意が必要です。

STEP1　例題を解いてみよう！

　この問題は、与えられた数式が成り立つよう、□に当てはまる数字が含まれる欄を選び、その欄のある選択肢の番号と同じ位置にマークするものです。

（例題分類表）

1	2	3	4	5
36〜39	24〜27	10〜18	40〜48	5〜9
0〜4	54〜58	49〜53	28〜35	19〜22

　例題　□ + 6 − 4 = 6

　例題では、□ + 6 − 4 = 6 が成り立つとき、□に入る数字は「4」となり、「4」は「1」の欄の下の段にある「0〜4」に含まれますので、マークは次のようになります。

→　例題正答　　①②③④⑤

（例題分類表）

1	2	3	4	5
81〜90	121〜140	67〜73	50〜57	91〜98
106〜113	58〜66	99〜105	114〜120	74〜80

154

③□を求める分類パターン

例題1　　□ − 60 − 28 = 35

例題2　　□ ÷ 4 ÷ 5 = 4

例題3　　74 ÷ 37 + □ = 53

解答欄	⇨ 解答はこのページの下

	1	2	3	4	5
例題1	○	○	○	○	○
例題2	○	○	○	○	○
例題3	○	○	○	○	○

STEP2　解説を読んで，ポイントをつかもう！

7
計算＋分類問題

　□を求める「計算」の基本と、当てはまる数字を分類する「分類」の基本が求められます。時間をあまりかけないためにも、分類表の範囲はどのように振り分けられているかを把握しておきましょう。

例題1　　$\square - 60 - 28 = 35$

　　　　　$\square - (60 + 28) = 35$

　　　　　　　　　$\square = 35 + 88 = 123$

←かっこでくくる
2回引くよりまとめて引いたほうがミスが減る

例題2　　$\square \div 4 \div 5 = 4$

　　　　　　　$\square = 4 \times 4 \times 5$

　　　　　　　$\square = 4 \times 20 = 80$

←4×5＝20から計算すると計算が楽になる

例題3　　$74 \div 37 + \square = 53$

　　　　　　　$2 + \square = 53$

　　　　　　　　　$\square = 51$

←74の一の位は、7×2＝14の4と当たりをつける
この式から「37×2＝74」に気がつくことが大切

　練習では、簡単に計算できる方法を考えながら問題を解くようにしましょう。自分にあった方法を見つけることが、解答への近道になります。

　解答時間に余裕があれば、すべての□を求めた後、それぞれを分類表にしたがってまとめて分類してしまいましょう。

ポイント ココを注意！

① 「計算問題」のパターン②に出てきた、式の穴埋めパターンを思い出しましょう。複合問題でも基本問題の基礎は十分に活用できます。

解答					
	1	2	3	4	5
例題1	○	●	○	○	○
例題2	○	○	○	○	●
例題3	○	○	○	●	○

155

7 計算＋分類問題

STEP3 練習問題

問題

この問題は、与えられた数式が成り立つよう、□に当てはまる数字が含まれる欄を選び、その欄のある選択肢の番号と同じ位置にマークするものです。

（例題分類表）

1	2	3	4	5
36～39	24～27	10～18	40～48	5～9
0～4	54～58	49～53	28～35	19～22

例題 □ + 6 − 4 = 6

例題では、□ + 6 − 4 = 6が成り立つとき、□に入る数字は「4」となり、「4」は「**1**」の欄の下の段にある「0～4」に含まれますので、マークは次のようになります。

→ 例題正答　1 2 3 4 5　● ○ ○ ○ ○

（分類表）

1	2	3	4	5
40～43	59～62	54～58	76～80	63～70
81～84	85～90	71～75	49～53	44～48

No. 1　　$14 + 58 - □ = 1$
No. 2　　$□ ÷ 7 × 6 = 42$
No. 3　　$9 × 11 - □ = 18$
No. 4　　$□ ÷ 2 + 12 = 56$
No. 5　　$31 × 4 ÷ □ = 2$
No. 6　　$80 ÷ □ × 9 = 18$
No. 7　　$8 × 8 - □ = 9$
No. 8　　$□ - 6 × 7 = 26$
No. 9　　$18 + □ ÷ 2 = 44$
No.10　　$□ ÷ 8 × 4 = 24$

解答欄 ⇨ 解答は236ページ

	1	2	3	4	5
No. 1	○	○	○	○	○
No. 2	○	○	○	○	○
No. 3	○	○	○	○	○
No. 4	○	○	○	○	○
No. 5	○	○	○	○	○
No. 6	○	○	○	○	○
No. 7	○	○	○	○	○
No. 8	○	○	○	○	○
No. 9	○	○	○	○	○
No.10	○	○	○	○	○

③□を求める分類パターン

（分類表）

1	2	3	4	5
46〜49	34〜37	20〜28	50〜58	0〜9
11〜19	64〜68	59〜63	38〜45	29〜32

No.11 $\Box - 16 - 24 = 17$

No.12 $19 + \Box \div 4 = 27$

No.13 $\Box \div 2 - 18 = 16$

No.14 $14 + \Box - 39 = 35$

No.15 $8 \times 6 - \Box = 8$

No.16 $9 \div 3 + \Box = 62$

No.17 $5 \times 2 + \Box = 57$

No.18 $\Box - 8 \times 6 = 17$

No.19 $4 \times \Box - 13 = 19$

No.20 $42 - \Box + 5 = 34$

7

計算＋分類問題

解答欄	⇨ 解答は236ページ				
	1	2	3	4	5
No.11	◯	◯	◯	◯	◯
No.12	◯	◯	◯	◯	◯
No.13	◯	◯	◯	◯	◯
No.14	◯	◯	◯	◯	◯
No.15	◯	◯	◯	◯	◯
No.16	◯	◯	◯	◯	◯
No.17	◯	◯	◯	◯	◯
No.18	◯	◯	◯	◯	◯
No.19	◯	◯	◯	◯	◯
No.20	◯	◯	◯	◯	◯

157

7 計算＋分類問題

（分類表）

1	2	3	4	5
41〜46	63〜66	10〜15	22〜30	37〜40
52〜57	31〜36	47〜51	58〜62	16〜21

No.21　　$30 - \square \div 2 = 13$

No.22　　$\square - 8 \times 5 = 24$

No.23　　$\square \times 2 - 47 = 27$

No.24　　$\square \div 12 \times 3 = 15$

No.25　　$7 \times 9 - \square = 18$

No.26　　$\square \div 2 + 4 = 32$

No.27　　$4 \times 9 \div \square = 3$

No.28　　$\square - 22 + 7 = 15$

No.29　　$40 - \square \times 2 = 6$

No.30　　$\square - 29 - 6 = 15$

解答欄 ⇨ 解答は236ページ

	1	2	3	4	5
No.21	○	○	○	○	○
No.22	○	○	○	○	○
No.23	○	○	○	○	○
No.24	○	○	○	○	○
No.25	○	○	○	○	○
No.26	○	○	○	○	○
No.27	○	○	○	○	○
No.28	○	○	○	○	○
No.29	○	○	○	○	○
No.30	○	○	○	○	○

③□を求める分類パターン

（分類表）

1	2	3	4	5
35〜42	92〜95	106〜112	83〜91	68〜74
60〜67	51〜59	75〜82	96〜105	43〜50

No.31 $13 \times 5 - \square = 16$

No.32 $\square \div 3 + 3 = 37$

No.33 $78 - 2 \times \square = 8$

No.34 $12 + \square - 46 = 20$

No.35 $52 - \square \div 2 = 7$

No.36 $\square - 25 \times 3 = 19$

No.37 $24 + \square \div 9 = 33$

No.38 $60 - 40 + \square = 62$

No.39 $4 - 100 \div \square = 2$

No.40 $\square - 9 \times 9 = 27$

7 計算＋分類問題

解答欄 ⇨ 解答は236ページ

	1	2	3	4	5
No.31	◯	◯	◯	◯	◯
No.32	◯	◯	◯	◯	◯
No.33	◯	◯	◯	◯	◯
No.34	◯	◯	◯	◯	◯
No.35	◯	◯	◯	◯	◯
No.36	◯	◯	◯	◯	◯
No.37	◯	◯	◯	◯	◯
No.38	◯	◯	◯	◯	◯
No.39	◯	◯	◯	◯	◯
No.40	◯	◯	◯	◯	◯

8 置換＋分類問題

複合問題編

「置換＋分類問題」では、与えられた情報を手引にしたがって置き換え、置き換えた結果を分類表にしたがって分類する問題です。

「置換＋分類」は、「手引」と「分類表」のどちらも用いた問題が出題されるため、問題が複雑になっています。出題頻度はそれほど高くありませんが、出題された場合にも落ち着いて解けるよう、どのようなパターンがあるか、しっかり確認しておきましょう。

「置換＋分類問題」で出題される問題パターン	
①	**4つの情報を用いるパターン**
②	**数字の分類パターン**
③	**3種の範囲から選ぶパターン**

① 4つの情報を用いるパターン

与えられた「ひらがな」、「2桁の数字」、「アルファベット」、「3桁の数字」の4つの情報を置き換えて分類する問題です。置き換える途中で混乱しないように、置き換えた情報には必ず印をつけておきましょう。

> **例題①** この問題は、与えられた情報を手引にしたがって置き換え、その結果と同じになる組み合わせが含まれる欄を、分類表から選び、その結果のある選択肢の番号と同じ位置にマークするものです。ただし、対応する組み合わせがない場合は、**5**とします。
>
> | (例題手引) | I | II | III | IV |
> |---|---|---|---|---|
> | ア | こ～す | 47～61 | n～t | 384～415 |
> | イ | な～ほ | 11～26 | v～y | 627～789 |
> | ウ | せ～て | 30～51 | c～l | 421～507 |
>
> （例題分類表）
>
> | | | |
> |---|---|---|
> | **1** | イウアイ | アイアウ |
> | **2** | アウイウ | イアイア |
> | **3** | ウイウウ | アアイウ |
> | **4** | イウイア | アイウア |
> | **5** | 1～4にはない | |

160

	I	II	III	IV
例題	に	61	v	401

　例題では、「I－に」が「イ」に、「II－61」が「ア」に「III－v」が「イ」に「IV－401」が「ア」に置き換えられ、結果は「イアイア」になります。「イアイア」は「**2**」の欄に含まれますから、マークは次のようになります。

→　例題①正答　1 ○　2 ●　3 ○　4 ○　5 ○

(2) 数字の分類パターン

「カタカナ」と「ひらがな」を数字に置き換え、その数字を「奇数・偶数」、「1桁・2桁・3桁」に分類する問題です。「△」や「◇」など似た記号が使われているので、見間違えないよう注意しましょう。

例題②　この問題は、与えられた情報を手引にしたがって置き換え、その結果を分類表にしたがって分類し、その結果のある選択肢の番号と同じ位置にマークするものです。

（例題手引）

	あ	い	う	え	お
カ	3	2	11	40	55
キ	14	18	9	19	21
ク	4	1	50	212	8
ケ	13	15	6	7	104
コ	9	5	27	81	16

（例題分類表）

	1桁	3桁	2桁
偶数	◇	○	□
奇数	×	△	☆

	1	2	3	4	5
例題　ケ・い	◇	□	☆	○	△

　例題では、「ケ・い」は「15」に置き換えらることができ、「15」を分類表にしたがって分類すると、「15」は「奇数」の「2桁」に分類され、結果は「☆」になります。「☆」は選択肢番号「**3**」の位置にありますから、マークは次にようになります。

→　例題②正答　1 ○　2 ○　3 ●　4 ○　5 ○

161

8 置換＋分類問題

③ 3種の範囲から選ぶパターン

「アルファベット」、「数字」、「ひらがな」の3種の文字の範囲を用いて「置換＋分類」を行う問題です。分類表に「1～4には含まれない」があることを忘れないようにしましょう。アルファベットの順番は必ず覚え、与えられた情報がどの範囲に含まれるのか分類するのに時間をかけないようにすることが大切です。

例題③ この問題は、与えられた情報を手引にしたがって置き換え、その結果と同じになる文字が含まれる欄を分類表から選び、その結果のある選択肢の番号と同じ位置にマークするものです。ただし、置き換えた結果が分類表のどこにも含まれない場合は、**5**とします。

（例題手引）

	c～f	v～z	q～t	g～l
61～73	ゆ	ら	わ	む
10～24	う	き	お	せ
25～37	な	ひ	な	ち
53～60	ね	ふ	ぬ	る

（例題分類表）

1	す～ち　ぬ～は
2	あ～お　み～ゆ
3	ひ～ま　き～さ
4	つ～に　ら～ろ
5	1～4には含まれない

例題 23・v

例題では、「23・v」は「き」に置き換えられます。「き」は「**3**」の欄の「き～さ」に含まれますので、マークは次にようになります。

→ 例題③正答

1	2	**3**	4	5
○	○	●	○	○

162

①4つの情報を用いるパターン

1 4つの情報を用いるパターン

ポイント

与えられた4つの情報、「ひらがな」「2桁の数字」「アルファベット」「3桁の数字」をそれぞれ「ア」「イ」「ウ」に置き換え、その結果を分類表を用いて分類する問題です。置き換える情報も多く分類表には似たものが並んでいますが、落ち着いて解けば正解できます。問題が複雑であっても、決して慌てないことがポイントです。

8
置換＋分類問題

STEP1 例題を解いてみよう！

この問題は、与えられた情報を手引にしたがって置き換え、その結果と同じになる組み合わせが含まれる欄を、分類表から選び、その結果のある選択肢の番号と同じ位置にマークするものです。ただし、対応する組み合わせがない場合は、**5**とします。

（例題手引）	I	II	III	IV
ア	こ～す	47～61	n～t	384～415
イ	な～ほ	11～26	v～y	627～789
ウ	せ～て	30～51	c～l	421～507

	I	II	III	IV
例題	に	61	v	401

（例題分類表）

1	イウアイ	アイアウ
2	アウイウ	イアイア
3	ウイウウ	アアイウ
4	イウイア	アイウア
5	1～4にはない	

例題では、「I－に」が「イ」に、「II－61」が「ア」に「III－v」が「イ」に「IV－401」が「ア」に置き換えられ、結果は「イアイア」になります。「イアイア」は「**2**」の欄に含まれますから、マークは次のようになります。

→ 例題正答

1 2 3 4 5
○ ● ○ ○ ○

163

8 置換＋分類問題

（例題手引）

	I	II	III	IV
ア	は〜み	14〜27	p 〜 x	312〜368
イ	れ〜ん	41〜52	a 〜 g	419〜442
ウ	む〜る	29〜39	i 〜 n	380〜417

	I	II	III	IV
例題1	ま	18	c	420
例題2	ろ	42	r	391

（例題分類表）

1	アウイイ	イイアウ
2	ウイアイ	イアウウ
3	アイアイ	ウアイア
4	イウイア	アアイイ
5	1〜4にはない	

解答欄 ⇨ 解答はこのページの下

	1	2	3	4	5
例題1	○	○	○	○	○
例題2	○	○	○	○	○

STEP2 解説を読んで，ポイントをつかもう！

置き換える情報は多いですが、慌てず、一定のリズムで解きましょう。

手順①：I〜IVを手引にしたがい置き換え、IVの横に書き込みます。

例題1　ま　18　c　420　**アアイイ**　←同じ種類の置換えは、
例題2　ろ　42　r　391　**イイアウ**　　何問かまとめて行う

手順②：①の作業をリズムを保ちながら、集中力を切らさないよう続けます。

手順③：時間も考慮しながら②の作業に区切りをつけ、書き込んだIVの横の「ア
イウ」を分類表を見て、まとめて分類しましょう。

ポイント ココを注意！

同じ種類の作業は、一定のリズムでま
とめてやってしまいましょう。
縦の列で使われる文字は「アイウ」の
3文字しかないので、見た目よりも複
雑ではありません。

解答

	1	2	3	4	5
例題1	○	○	○	●	○
例題2	●	○	○	○	○

164

①４つの情報を用いるパターン

STEP3 練習問題

問題

　この問題は、与えられた情報を手引にしたがって置き換え、その結果と同じになる組み合わせが含まれる欄を、分類表から選び、その結果のある選択肢の番号と同じ位置にマークするものです。ただし、対応する組み合わせがない場合は、**5**とします。

（例題手引）

	I	II	III	IV
ア	こ〜す	47〜61	n 〜 t	384〜415
イ	な〜ほ	11〜26	v 〜 y	627〜789
ウ	せ〜て	30〜51	c 〜 l	421〜507

（例題分類表）

1	イウアイ	アイアウ
2	アウイウ	イアイア
3	ウイウウ	アアイウ
4	イウイア	アイウア
5	1〜4にはない	

	I	II	III	IV
例題	に	61	v	401

　例題では、「I－に」が「イ」に、「II－61」が「ア」に「III－v」が「イ」に「IV－401」が「ア」に置き換えられ、結果は「イアイア」になります。「イアイア」は「**2**」の欄に含まれますから、マークは次のようになります。

→　例題正答　　**1** **2** **3** **4** **5**
　　　　　　　　　○ ● ○ ○ ○

8

置換＋分類問題

165

8 置換＋分類問題

（手　引）

	I	II	III	IV
ア	か～す	62～80	r ～ z	156～229
イ	め～る	31～48	k ～ q	413～550
ウ	ち～み	49～61	b ～ j	230～412

（分類表）

1	ウアイウ	イイアア
2	アウアイ	イウウア
3	アイイイ	ウアウイ
4	ウイウア	アアイウ
5	1～4にはない	

	I	II	III	IV
No. 1	ふ	72	f	503
No. 2	や	60	v	183
No. 3	と	69	o	355
No. 4	し	51	y	422
No. 5	け	56	i	494
No. 6	に	47	c	213
No. 7	ら	38	s	161
No. 8	き	40	l	548
No. 9	ゆ	49	b	200
No.10	ま	31	h	175

解答欄 ⇨ 解答は236ページ

	1	2	3	4	5
No. 1	○	○	○	○	○
No. 2	○	○	○	○	○
No. 3	○	○	○	○	○
No. 4	○	○	○	○	○
No. 5	○	○	○	○	○
No. 6	○	○	○	○	○
No. 7	○	○	○	○	○
No. 8	○	○	○	○	○
No. 9	○	○	○	○	○
No.10	○	○	○	○	○

①4つの情報を用いるパターン

（手　引）

	I	II	III	IV
ア	え～す	57～71	m～t	294～520
イ	な～へ	11～32	u～y	637～799
ウ	せ～と	33～54	d～l	521～636

（分類表）

1	ウアアイ	アイアウ
2	アウウイ	イアイア
3	ウイウウ	アアイウ
4	イウイア	ウイウア
5	1～4にはない	

8
置換＋分類問題

	I	II	III	IV
No.11	ね	61	v	481
No.12	そ	30	e	524
No.13	か	39	k	760
No.14	に	52	u	298
No.15	つ	18	s	617
No.16	せ	70	p	703
No.17	き	59	w	649
No.18	ふ	44	y	338
No.19	す	65	x	592
No.20	お	49	i	652

解答欄 ⇨ 解答は236ページ

	1	2	3	4	5
No.11	○	○	○	○	○
No.12	○	○	○	○	○
No.13	○	○	○	○	○
No.14	○	○	○	○	○
No.15	○	○	○	○	○
No.16	○	○	○	○	○
No.17	○	○	○	○	○
No.18	○	○	○	○	○
No.19	○	○	○	○	○
No.20	○	○	○	○	○

8 置換＋分類問題

（手　引）

	I	II	III	IV
ア	へ～ん	48～60	a～h	116～303
イ	あ～そ	81～93	q～v	399～452
ウ	た～ふ	61～80	i～p	304～398

（分類表）

1	イウアイ	アアイウ
2	イイウイ	ウウアイ
3	ウアイウ	アイウア
4	ウウウア	イイアウ
5	1～4にはない	

	I	II	III	IV
No.21	る	49	t	375
No.22	ち	80	m	348
No.23	お	91	b	305
No.24	ひ	55	r	308
No.25	せ	83	g	351
No.26	て	67	d	446
No.27	く	74	h	399
No.28	ま	51	o	301
No.29	つ	62	j	200
No.30	は	59	q	382

解答欄 ⇨ 解答は237ページ

	1	2	3	4	5
No.21	○	○	○	○	○
No.22	○	○	○	○	○
No.23	○	○	○	○	○
No.24	○	○	○	○	○
No.25	○	○	○	○	○
No.26	○	○	○	○	○
No.27	○	○	○	○	○
No.28	○	○	○	○	○
No.29	○	○	○	○	○
No.30	○	○	○	○	○

①４つの情報を用いるパターン

（手　引）

	I	II	III	IV
ア	も～を	45～67	v～z	411～623
イ	ほ～め	21～44	o～u	624～806
ウ	と～へ	68～88	c～n	234～410

（分類表）

1	アイウイ	アウアイ
2	イアイイ	ウウアウ
3	アアウイ	ウイイア
4	アウイウ	イアウウ
5	1～4にはない	

8
置換＋分類問題

	I	II	III	IV
No.31	と	43	s	436
No.32	む	65	q	629
No.33	や	80	p	402
No.34	ほ	59	x	715
No.35	み	48	k	308
No.36	も	22	f	774
No.37	ね	72	w	353
No.38	ふ	38	t	591
No.39	め	54	l	620
No.40	わ	69	y	788

解答欄 ⇨ 解答は 237 ページ

	1	2	3	4	5
No.31	○	○	○	○	○
No.32	○	○	○	○	○
No.33	○	○	○	○	○
No.34	○	○	○	○	○
No.35	○	○	○	○	○
No.36	○	○	○	○	○
No.37	○	○	○	○	○
No.38	○	○	○	○	○
No.39	○	○	○	○	○
No.40	○	○	○	○	○

169

8 置換＋分類問題

2 数字の分類パターン

ポイント

　手引の表にしたがって与えられた情報を置き換え、さらに分類表にしたがって分類する問題です。5×5の表からなる手引には25個の数字があります。慌てて見間違えないよう注意が必要です。

　置き換えた数字の分類は、分類表では必ずしも「1桁　2桁　3桁」の順ではないので気をつけましょう。

STEP1　例題を解いてみよう！

　この問題は、与えられた情報を手引にしたがって置き換え、その結果を分類表にしたがって分類し、その結果のある選択肢の番号と同じ位置にマークするものです。

（例題手引）

	あ	い	う	え	お
カ	3	2	11	40	55
キ	14	18	9	19	21
ク	4	1	50	212	8
ケ	13	15	6	7	104
コ	9	5	27	81	16

（例題分類表）

	1桁	3桁	2桁
偶数	◇	○	□
奇数	×	△	☆

	1	2	3	4	5
例題　ケ・い	◇	□	☆	○	△

　例題では、「ケ・い」は「15」に置き換えらることができ、「15」を分類表にしたがって分類すると、「15」は「奇数」の「2桁」に分類され、結果は「☆」になります。「☆」は選択肢番号「3」の位置にありますから、マークは次によようになります。

→　例題正答

1	2	3	4	5
○	○	●	○	○

170

②数字の分類パターン

（例題手引）

	ま	み	む	め	も
ハ	101	6	411	130	9
ヒ	11	143	1	286	67
フ	4	69	51	47	128
ヘ	112	238	12	30	22
ホ	305	46	68	139	3

（例題分類表）

	1桁	3桁	2桁
奇数	=	+	−
偶数	×	÷	√

		1	2	3	4	5
例題1	ハ・む	√	÷	=	×	+
例題2	フ・ま	=	×	+	÷	√

解答欄 ⇨ 解答はこのページの下

	1	2	3	4	5
例題1	○	○	○	○	○
例題2	○	○	○	○	○

8　置換＋分類問題

STEP2 解説を読んで、ポイントをつかもう！

与えられた情報を、手引の中の数字に素早く置き換えましょう。

まず、情報を手引にしたがい数字に置き換えて桁を調べます。→**手順①**
次に、置き換えた数字の一の位を見て奇数か偶数か調べます。→**手順②**
そして**手順①と②**から結果をだしましょう。→**手順③**

		（手順①）置換　桁	（手順②）一の位　奇・偶	（手順③）結果
例題1	ハ・む	411　3桁	1　奇	＋
例題2	フ・ま	4　1桁	4　偶	×

◎奇数・偶数の見分け方

- 奇数 − 2で割り切れない数 − 一の位が「1、3、5、7、9」
- 偶数 − 2で割り切れる数 − 一の位が「0、2、4、6、8」

 ココを注意！

置き換えた数字はまず正しい桁を調べ、その次に奇数か偶数かを調べましょう。どちらから先に分類するかを決めておくと、間違いのリスクを減らすことができます。

解答

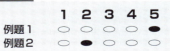

8 置換＋分類問題

STEP3 練習問題

問題

この問題は、与えられた情報を手引にしたがって置き換え、その結果を分類表にしたがって分類し、その結果のある選択肢の番号と同じ位置にマークするものです。

（例題手引）

	あ	い	う	え	お
カ	3	2	11	40	55
キ	14	18	9	19	21
ク	4	1	50	212	8
ケ	13	15	6	7	104
コ	9	5	27	81	16

（例題分類表）

	1桁	3桁	2桁
偶数	◇	○	□
奇数	×	△	☆

例題　ケ・い

例題では、「ケ・い」は「15」に置き換えらることができ、「15」を分類表にしたがって分類すると、「15」は「奇数」の「2桁」に分類され、結果は「☆」になります。「☆」は選択肢番号「**3**」の位置にありますから、マークは次ようになります。

→　例題正答　1 2 ● 4 5

②数字の分類パターン

（手　引）

	い	う	あ	お	え
シ	13	2	111	409	55
ス	114	108	9	19	213
セ	4	21	505	506	8
サ	136	315	62	7	30
ソ	38	5	227	81	1

（分類表）

	1桁	3桁	2桁
奇数	◇	×	□
偶数	○	△	☆

8 置換＋分類問題

		1	2	3	4	5
No. 1	ス・あ	×	◇	○	△	□
No. 2	ソ・お	△	☆	□	×	○
No. 3	ソ・い	△	×	◇	☆	○
No. 4	セ・え	□	☆	○	△	×
No. 5	シ・あ	×	○	△	□	◇
No. 6	サ・い	◇	□	☆	○	△
No. 7	シ・え	○	□	×	◇	☆
No. 8	ス・あ	◇	△	□	×	○
No. 9	シ・う	☆	×	△	□	○
No.10	サ・あ	×	△	○	☆	□

解答欄 ⇨ 解答は237ページ

	1	2	3	4	5
No. 1	○	○	○	○	○
No. 2	○	○	○	○	○
No. 3	○	○	○	○	○
No. 4	○	○	○	○	○
No. 5	○	○	○	○	○
No. 6	○	○	○	○	○
No. 7	○	○	○	○	○
No. 8	○	○	○	○	○
No. 9	○	○	○	○	○
No.10	○	○	○	○	○

8 置換＋分類問題

（手　引）

	け	こ	か	く	き
ヌ	341	7	2	463	44
ナ	18	76	4	52	624
ノ	6	49	367	39	118
ニ	412	605	95	3	84
ネ	8	59	1	186	63

（分類表）

	2桁	3桁	1桁
偶数	◎	▼	▽
奇数	■	*	●

		1	2	3	4	5
No.11	ナ・き	*	▽	◎	■	▼
No.12	ヌ・こ	●	*	■	◎	▽
No.13	ノ・け	◎	▼	▽	*	■
No.14	ナ・け	■	◎	*	▽	●
No.15	ニ・き	●	*	■	◎	▽
No.16	ネ・こ	▽	◎	●	■	▼
No.17	ノ・か	*	■	▽	▼	◎
No.18	ネ・く	◎	▽	■	*	▼
No.19	ヌ・け	▼	●	*	▽	■
No.20	ナ・か	■	▽	●	◎	*

解答欄 ⇨ 解答は 237 ページ

	1	2	3	4	5
No.11	○	○	○	○	○
No.12	○	○	○	○	○
No.13	○	○	○	○	○
No.14	○	○	○	○	○
No.15	○	○	○	○	○
No.16	○	○	○	○	○
No.17	○	○	○	○	○
No.18	○	○	○	○	○
No.19	○	○	○	○	○
No.20	○	○	○	○	○

②数字の分類パターン

（手　引）

	つ	た	て	ち	と
ミ	4	168	47	2	213
モ	348	205	66	17	9
マ	72	8	14	182	25
ム	26	54	1	19	92
メ	6	61	199	53	342

（分類表）

	3桁	1桁	2桁
偶数	#	&	@
奇数	$	℃	♭

8
置換＋分類問題

		1	2	3	4	5
No.21	ミ・た	#	♭	@	&	$
No.22	マ・つ	$	@	&	℃	♭
No.23	モ・ち	℃	#	$	♭	@
No.24	ム・と	&	♭	@	#	℃
No.25	ミ・と	#	$	♭	@	&
No.26	メ・た	♭	@	℃	&	#
No.27	ミ・つ	$	℃	#	@	&
No.28	ム・て	℃	#	&	$	@
No.29	マ・と	#	$	@	℃	♭
No.30	メ・つ	♭	@	&	#	℃

解答欄 ⇨ 解答は237ページ

	1	2	3	4	5
No.21	○	○	○	○	○
No.22	○	○	○	○	○
No.23	○	○	○	○	○
No.24	○	○	○	○	○
No.25	○	○	○	○	○
No.26	○	○	○	○	○
No.27	○	○	○	○	○
No.28	○	○	○	○	○
No.29	○	○	○	○	○
No.30	○	○	○	○	○

8 置換＋分類問題

3 3種の範囲から選ぶパターン

ポイント

　手引にしたがって、与えられた「数字・アルファベット」の情報を「ひらがな」に置き換え、その「ひらがな」が含まれるものを分類表から選ぶ問題です。

　数字、アルファベット、ひらがなと、使われるものは多いですが、ひとつひとつ確実に置き換え、分類を行いましょう。該当するものがない場合、「5」の「1〜4には含まれない」と答えることに注意します。

STEP1　例題を解いてみよう！

　この問題は、与えられた情報を手引にしたがって置き換え、その結果と同じになる文字が含まれる欄を分類表から選び、その結果のある選択肢の番号と同じ位置にマークするものです。ただし、置き換えた結果が分類表のどこにも含まれない場合は、**5**とします。

（例題手引）

	c〜f	v〜z	q〜t	g〜l
61〜73	ゆ	ら	わ	む
10〜24	う	き	お	せ
25〜37	な	ひ	な	ち
53〜60	ね	ふ	ぬ	る

（例題分類表）

1	す〜ち　ぬ〜は
2	あ〜お　み〜ゆ
3	ひ〜ま　き〜さ
4	つ〜に　ら〜ろ
5	1〜4には含まれない

　例題　23・v

　例題では、「23・v」は「き」に置き換えられます。「き」は「**3**」の欄の「き〜さ」に含まれますので、マークは次にようになります。

→　例題正答　　1 2 **3** 4 5
　　　　　　　　○ ○ ● ○ ○

176

③3種の範囲から選ぶパターン

(例題手引)

	m〜p	b〜e	g〜j	q〜u
17〜24	ひ	き	た	せ
34〜39	ち	あ	え	む
26〜33	う	こ	な	へ
9〜16	ま	ぬ	さ	わ

(例題分類表)

1	て〜に　ひ〜ほ
2	い〜か　そ〜つ
3	む〜や　き〜こ
4	さ〜せ　ぬ〜は
5	1〜4には含まれない

例題1　　35・h

例題2　　14・f

解答欄 ⇨ 解答はこのページの下

	1	2	3	4	5
例題1	◯	◯	◯	◯	◯
例題2	◯	◯	◯	◯	◯

8

置換＋分類問題

STEP2　解説を読んで，ポイントをつかもう！

　置換と分類が合わせられた問題です。「6・8」、「p・q」、「き・さ」など、お互いに似ている文字を見間違えないよう注意しましょう。

　アルファベットの順番は必ず覚えなくてはなりませんが、もし自信がない場合は、アルファベットを範囲順にし、抜けているアルファベットを書き込むとスムーズに見つけることができます。

　手引の範囲を整理し、次のように書きこんでみましょう。

（a）「b〜e」→（f）「g〜j」→（k〜l）「m〜p」→「q〜u」

↑　　　　↑　　　　　　　　↑　　　── 抜けているアルファベット

　例題1「35・h」の「h」は書き込みからおよそ「g〜j」辺りにあると目安をつけることができます。例題2「14・f」は、fが（　）の中にありますので、「**5**」の「1〜4には含まれない」が答えだとわかります。

ポイント ココを注意！

解答時間のロスを少なくするためにも、置き換えた結果が「1」〜「4」のどの分類にも含まれない「5」の解答があることを常に意識することが、この問題のポイントになります。

解 答

	1	2	3	4	5
例題1	◯	●	◯	◯	◯
例題2	◯	◯	◯	◯	●

8 置換＋分類問題

STEP3 練習問題

問　題

　この問題は、与えられた情報を手引にしたがって置き換え、その結果と同じになる文字が含まれる欄を分類表から選び、その結果のある選択肢の番号と同じ位置にマークするものです。ただし、置き換えた結果が分類表のどこにも含まれない場合は、**5**とします。

（例題手引）

	c ～ f	v ～ z	q ～ t	g ～ l
61～73	ゆ	ら	わ	む
10～24	う	き	お	せ
25～37	な	ひ	な	ち
53～60	ね	ふ	ぬ	る

（例題分類表）

1	す～ち　ぬ～は
2	あ～お　み～ゆ
3	ひ～ま　き～さ
4	つ～に　ら～ろ
5	1～4には含まれない

　　例題　23・v

　例題では、「23・v」は「き」に置き換えられます。「き」は「**3**」の欄の「き～さ」に含まれますので、マークは次のようになります。

→　例題正答　　①　②　●　④　⑤
　　　　　　　　 1　 2　 3　 4　 5

178

③3種の範囲から選ぶパターン

（手　引）

	f〜j	p〜s	l〜o	t〜w
39〜43	た	ろ	る	つ
1〜12	お	ぬ	く	せ
25〜38	は	な	と	り
13〜24	や	ま	う	ね

（分類表）

1	め〜ゆ　き〜さ
2	せ〜ち　ふ〜ほ
3	あ〜か　つ〜に
4	ぬ〜ひ　よ〜る
5	1〜4には含まれない

No. 1 　　15・n

No. 2 　　41・q

No. 3 　　9・l

No. 4 　　18・g

No. 5 　　1・u

No. 6 　　25・r

No. 7 　　14・w

No. 8 　　19・p

No. 9 　　39・h

No.10 　　32・t

8

置換＋分類問題

解答欄　⇨ 解答は237ページ

	1	2	3	4	5
No. 1	○	○	○	○	○
No. 2	○	○	○	○	○
No. 3	○	○	○	○	○
No. 4	○	○	○	○	○
No. 5	○	○	○	○	○
No. 6	○	○	○	○	○
No. 7	○	○	○	○	○
No. 8	○	○	○	○	○
No. 9	○	○	○	○	○
No.10	○	○	○	○	○

8 置換＋分類問題

（手　引）

	h～n	a～g	v～z	o～u
10～28	し	こ	あ	め
36～42	ま	ら	た	く
43～57	て	ひ	ほ	つ
29～35	や	お	ぬ	な

（分類表）

1	ふ～ま　た～と
2	こ～す　る～を
3	ゆ～り　う～き
4	に～ひ　み～も
5	1～4には含まれない

No.11　　54・i

No.12　　32・r

No.13　　15・l

No.14　　35・c

No.15　　29・x

No.16　　41・d

No.17　　36・p

No.18　　27・t

No.19　　51・w

No.20　　19・e

解答欄　⇨ 解答は237ページ

	1	2	3	4	5
No.11	○	○	○	○	○
No.12	○	○	○	○	○
No.13	○	○	○	○	○
No.14	○	○	○	○	○
No.15	○	○	○	○	○
No.16	○	○	○	○	○
No.17	○	○	○	○	○
No.18	○	○	○	○	○
No.19	○	○	○	○	○
No.20	○	○	○	○	○

③3種の範囲から選ぶパターン

（手　引）

	q～t	m～p	u～y	e～l
13～19	ゆ	ま	え	す
32～48	と	つ	そ	へ
49～53	も	か	さ	こ
20～31	の	ひ	せ	り

（分類表）

1	の～ふ　あ～え
2	せ～ち　む～や
3	よ～れ　つ～に
4	く～し　ほ～み
5	1～4には含まれない

No.21　　16・n

No.22　　28・f

No.23　　52・v

No.24　　21・s

No.25　　38・y

No.26　　44・j

No.27　　32・t

No.28　　28・o

No.29　　19・h

No.30　　50・q

8
置換＋分類問題

解答欄 ⇨ 解答は237ページ

	1	2	3	4	5
No.21	○	○	○	○	○
No.22	○	○	○	○	○
No.23	○	○	○	○	○
No.24	○	○	○	○	○
No.25	○	○	○	○	○
No.26	○	○	○	○	○
No.27	○	○	○	○	○
No.28	○	○	○	○	○
No.29	○	○	○	○	○
No.30	○	○	○	○	○

複合問題編

9 照合＋分類問題

「照合＋分類問題」は、与えられた情報を照合し分類表にしたがって分類する問題です。さまざまな問題が出題されるため、問題を勘違いしないよう、どの点を照合するのか、分類はどのように行うのか問題文をよく読むことが大切です。問題を解くのに時間をかけないためにも、「照合」と「分類」それぞれのポイントを把握しておきましょう。

「照合＋分類問題」で出題される問題パターン

1 文章の照合＋分類パターン
2 羅列文字の照合＋分類パターン
3 組み合わせの照合＋分類パターン

1 文章の照合＋分類パターン

「正本」と「副本」を比較し、異なる文字を分類表にしたがって分類する問題です。「ひらがな」、「カタカナ」、「漢字」をそれぞれ1種類として照合することに注意が必要です。分類表に示される分類方法をよく読んで解き始めましょう。

例題① この問題は、正本と副本を照合し、異なっている文字が手引のどれに該当するか選び、マークするものです。

（例題分類表）

1	ひらがな、カタカナ、漢字のうち1種類が1字異なる
2	ひらがな、カタカナ、漢字のうち1種類が2字以上異なる
3	ひらがな、カタカナ、漢字のうち2種類が1字ずつ以上異なる
4	ひらがな、カタカナ、漢字のうち3種類が1字ずつ異なる
5	異なっている字はない

例題

正 本	副 本
ヨーロッパでは仕事をはじめる時間がアジアに比べ	ヨーロッパでは仕事をはじまる時間がアヂアに比べ

182

例題では、正本の「め」と「ジ」が、副本では「ま」と「ヂ」と異なっています。これは、「**3**」の「ひらがな、カタカナ、漢字のうち2種類が1字ずつ以上異なる」に分類できますから、マークは次のようになります。

→　例題①正答　1 2 ● 4 5

② 羅列文字の照合＋分類パターン

　与えられた情報を照合し、分類表を用いて分類する問題です。1種類の文字だけが使われる問題は、照合の中でも間違いを見落としやすい問題の1つです。自分のリズムを保ちながらテンポよく解いていくと、ミスをなくすことができるでしょう。

例題②　この問題は、与えられた3つの文字が右の文字列にいくつ含まれているか調べ、その数が含まれる欄のある選択肢の番号と同じ位置にマークするものです。

（例題分類表）

1	2	3	4	5
4	6	2	5	7
3	0	1	8	9

例題　イ　コ　キ　｜　サカナハオオキクナルトヨビナガカワルモノ

　例題では、文字列に「キ」が1文字だけ含まれていますので、含まれている文字数は「1」となり、「1」は選択肢番号「**3**」の位置にありますから，マークは次によになります。

→　例題②正答　1 2 ● 4 5

9
照合＋分類問題

9 照合＋分類問題

③ 組み合わせの照合＋分類パターン

　4文字からなる「ひらがな」、「アルファベットの大文字」、「数字」、「アルファベットの小文字」の各組み合わせを照合し、分類表にしたがって分類する問題です。異なる文字が何文字あるのかではなくいくつの組み合わせに異なる字があるか答えること、また、異なる字がない場合があることに注意しましょう。

例題③　この問題は、左右の4文字4つの組み合わせ照合し、異なっている組み合わせが手引のどれに該当するか選び、マークするものです。

（例題分類表）

1	1つの組み合わせに異なる字がある
2	2つの組み合わせに異なる字がある
3	3つの組み合わせに異なる字がある
4	4つの組み合わせに異なる字がある
5	異なっている字はない

例題

ろいせよ　BDIH　0972　bqfg ┊ ろいせよ　BDIH　0973　bqfg

　例題では、数字の組み合わせ「0972」と「0973」が異なっています。これは、「**1**」の「1つの組み合わせに異なる字がある」に分類できますから、マークは次にようになります。

→　例題③正答　　1 ● 　2 ○ 　3 ○ 　4 ○ 　5 ○

184

①文章の照合＋分類パターン

1 文章の照合＋分類パターン

ポイント

23文字でつくられる文章を「正本」と「副本」で比較し、異なる文字の「種類」や「文字数」を答える問題です。文章全体で異なる文字数を答えるのではなく、「ひらがな」、「カタカナ」、「漢字」をそれぞれ種類として考えなくてはなりません。形が似ている字や音が同じ字は見落としやすいので、特に注意しましょう。

9

照合＋分類問題

STEP1 例題を解いてみよう！

この問題は、正本と副本を照合し、異なっている文字が手引のどれに該当するか選び、マークするものです。

（例題分類表）

1	ひらがな、カタカナ、漢字のうち1種類が1字異なる
2	ひらがな、カタカナ、漢字のうち1種類が2字以上異なる
3	ひらがな、カタカナ、漢字のうち2種類が1字ずつ以上異なる
4	ひらがな、カタカナ、漢字のうち3種類が1字ずつ異なる
5	異なっている字はない

例題

　　　　　　正　本　　　　　　　　　　　　　副　本
ヨーロッパでは仕事をはじめる時間がアジアに比べ
　　　　　　　　　　ヨーロッパでは仕事をはじまる時間がアヂアに比べ

例題では、正本の「め」と「ジ」が、副本では「ま」と「ヂ」と異なっています。これは、「**3**」の「ひらがな、カタカナ、漢字のうち2種類が1字ずつ以上異なる」に分類できますから、マークは次のようになります。

→　例題正答

1	2	**3**	4	5
○	○	●	○	○

185

9 照合＋分類問題

（例題分類表）

1　ひらがな、カタカナ、漢字のうち1種類が1字異なる
2　ひらがな、カタカナ、漢字のうち1種類が2字以上異なる
3　ひらがな、カタカナ、漢字のうち2種類が1字ずつ以上異なる
4　ひらがな、カタカナ、漢字のうち3種類が1字ずつ異なる
5　異なっている字はない

例題1　　　　　正　本　　　　　　　　　　副　本
気がつけば野山を飾ったヤマユリやキキョウなどの
　　　　　　　　　　気がつけは野山を飾ったヤマヨリやキキョウなどの

STEP2　解説を読んで、ポイントをつかもう！

正本と副本を「かたまり」で区切り、照合しましょう。

　　　①　　　②　　　　　③　　　　④
気がつけば野山を飾ったヤマユリやキキョウなどの

　　　　　　　　　　①　　　②　　　　　③　　　　④
　　　　　　　　　気がつけは野山を飾ったヤマヨリやキキョウなどの

　例題1では、①のかたまりにある「ば」が「は」に、③のかたまりにある「ユ」が「ヨ」と異なっています。これは、「**3**」の「ひらがな、カタカナ、漢字のうち2種類が1字ずつ以上異なる」に該当します。

ココを注意！

思い込みは間違いのもとです。文字をきちんと照合し、また、分類の方法も最初に必ず確認して解き始めましょう。
区切りのよい「かたまり」で照合すると、ミスを減らすことができます。

①文章の照合＋分類パターン

＜3つの見落としやすい間違い＞
①字の形が似ている　②音は同じだが字が違う　③意味は通るが字が違う

　正解を導くためにも、面倒だと思わず、「正本」と「副本」を「読み比べる」のではなく、しっかり「見比べる」ことが大切です。

解答

	1	2	3	4	5
例題1	○	○	●	○	○

9

照合＋分類問題

STEP3　練習問題

問題

　この問題は、正本と副本を照合し、異なっている文字が手引のどれに該当するか選び、マークするものです。

（例題分類表）

1	ひらがな、カタカナ、漢字のうち1種類が1字異なる
2	ひらがな、カタカナ、漢字のうち1種類が2字以上異なる
3	ひらがな、カタカナ、漢字のうち2種類が1字ずつ以上異なる
4	ひらがな、カタカナ、漢字のうち3種類が1字ずつ異なる
5	異なっている字はない

例題

　　　　　　正　本　　　　　　　　　　　　　副　本
ヨーロッパでは仕事をはじめる時間がアジアに比べ
　　　　　　　　　ヨーロッパでは仕事をはじまる時間がアヂアに比べ

　例題では、正本の「め」と「ジ」が、副本では「ま」と「ヂ」と異なっています。これは、「**3**」の「ひらがな、カタカナ、漢字のうち2種類が1字ずつ以上異なる」に分類できますから、マークは次のようになります。

→　例題正答

1	2	3	4	5
○	○	●	○	○

187

9 照合＋分類問題

（分類表）
1	ひらがな、カタカナ、漢字のうち1種類が1字異なる
2	ひらがな、カタカナ、漢字のうち1種類が2字以上異なる
3	ひらがな、カタカナ、漢字のうち2種類が1字ずつ以上異なる
4	ひらがな、カタカナ、漢字のうち3種類が1字ずつ異なる
5	異なっている字はない

正　本

No. 1　そのデータからいろいろな研究がなされることにな
No. 2　ファイトを与えるどれほど多くの言葉に出会った事
No. 3　潮の流れや魚の移動する海は毎日測定しファイリン
No. 4　マケドニアで反乱が起きるとローマは北部ギリシャ
No. 5　日本の野菜は生食には向かないサトイモや大根とい
No. 6　スポーツをしている若い人で膝が痛む場合には靱帯
No. 7　小数点以下二桁までを記録している請求システムの
No. 8　設備投資を回収したらあとは儲けになるというオピ
No. 9　アメリカでは黒人音楽と白人音楽の融合が受け入れ
No.10　サイレント映画時代の初期から試みられておりなが

No.11　シーズンいっぱい楽しめるだけでなくもうひとつか
No.12　ファインダーの中にはきれいな光の世界があったの
No.13　ギリシャはキリスト教が最も早く伝わった地域の一
No.14　今や大きな一眼レフカメラから小さくポケットに入
No.15　ジュウイチはほれぼれするような滑空をしてかなり
No.16　春のイエローからすこしずつみどりに変わっていく
No.17　柔らかい光に包まれたような仕上がりはネコと家族
No.18　冬の冷えや夏でもエアコンの風に直接当たるなどが
No.19　モルタルを混ぜた砂利と多色大理石による装飾の使
No.20　イモ焼酎の搾りかすで作った醸造酢に抗がん作用が

解答欄 ⇨ 解答は237ページ

	1	2	3	4	5		1	2	3	4	5
No. 1	○	○	○	○	○	No. 6	○	○	○	○	○
No. 2	○	○	○	○	○	No. 7	○	○	○	○	○
No. 3	○	○	○	○	○	No. 8	○	○	○	○	○
No. 4	○	○	○	○	○	No. 9	○	○	○	○	○
No. 5	○	○	○	○	○	No.10	○	○	○	○	○

①文章の照合＋分類パターン

副　本

そのデータからいるいろな研究がなされるかとにな
ファイトを与えるどれほど多くの言葉に出合った事
潮の流れや魚の移動する海は毎日測定しファイリン
マケドニアで版乱が起きるとローマは北部ギリツャ
日本の野菜は生食には向かないサトイマか大根とい
スポーツをしたいる若い人で膝が病む場合には靭帯
小数点以下二桁はでを紀録している請求ンステムの
設備投資を口収したらおとは儲けになるというオヒ
アメリカでは黒入音楽と白人音楽の融会が受け入れ
サイレント映画時代の初期から試みられておりなが

シーズンいつぱい楽しめるだけでなくもうひとつか
ファインダーの中にはきれいな光の世界があったの
ギリシャはキリスト教が最も早く伝わった池域の一
今や大きな一眼レワカメラから小さくボケットに入
ジュウイチはほれぼれするような滑空をしてかなり
春のイエローからすこけずつみどりに替わっていく
揉らかい光に包まれたような仕上がりはネコと家族
冬の凍えや夏てもエアコヲの風に直接当たるなどが
モルタルを混ぜた砂利と多色大理石による装飾の使
イモ焼酎の搾りかすで作った醸造酢に抗がん作用が

解答欄 ⇨ 解答は237ページ

	1	2	3	4	5		1	2	3	4	5
No.11	○	○	○	○	○	No.16	○	○	○	○	○
No.12	○	○	○	○	○	No.17	○	○	○	○	○
No.13	○	○	○	○	○	No.18	○	○	○	○	○
No.14	○	○	○	○	○	No.19	○	○	○	○	○
No.15	○	○	○	○	○	No.20	○	○	○	○	○

9 照合＋分類問題

（分類表）

1　ひらがな、カタカナ、漢字のうち1種類が1字異なる
2　ひらがな、カタカナ、漢字のうち1種類が2字以上異なる
3　ひらがな、カタカナ、漢字のうち2種類が1字ずつ以上異なる
4　ひらがな、カタカナ、漢字のうち3種類が1字ずつ異なる
5　異なっている字はない

正　本

No.21　チームの実力差を肌で感じる厳しい戦いもあろうが
No.22　つい最近まであちこちで見かけたジョウビタキやツ
No.23　撮影に集中していたのですれ違う際にはグラス越し
No.24　ちょっとした公園にもベニシジミの幼虫がいたりと
No.25　初期の多くのロックは既成概念や体制に対する反抗
No.26　モノクロの映像が与える効果を狙って製作者側が意
No.27　子どもが小さいときは妻の両親とレジャーや避暑に
No.28　自分の子供を育てるようにバラの手入れに通ってい
No.29　まずヨーロッパ経済ではこの種の金融資産が増えれ
No.30　前述のテクニカラーは光をプリズムに通して分光さ

No.31　だらだらと歩くのではなくウォーキングという意識
No.32　歴史的に見てもバブル崩壊後に過剰貯蓄を伴ってデ
No.33　スケジュールを考えれば十分満足出来る出来になっ
No.34　子供のころからスキー板をかつぎ雪をまとった山々
No.35　米国のサブプライム問題やリーマンショックで世界
No.36　これまで財政がマクロ経済と密接に関連することも
No.37　最近のデジタルラボ機であればモノクロフィルムか
No.38　オリンピアのゼウス神殿の近くだが敷地の外にある
No.39　レコード店の商品陳列がこの定義に従っていること
No.40　筆者は長年バブルとその後のデフレ経済の関係を取

解答欄 ⇨ 解答は237ページ

	1	2	3	4	5		1	2	3	4	5
No.21	○	○	○	○	○	No.26	○	○	○	○	○
No.22	○	○	○	○	○	No.27	○	○	○	○	○
No.23	○	○	○	○	○	No.28	○	○	○	○	○
No.24	○	○	○	○	○	No.29	○	○	○	○	○
No.25	○	○	○	○	○	No.30	○	○	○	○	○

①文章の照合＋分類パターン

副　本

チームの実力差を肌で感じる厳しし戦いもあろつが
つい最短まであちこちで見かけるギョウビタキやツ
撮影を集中していたのですれ違う時にはグラス越し
ちょっとした公園にもバニシジムの幼虫がいたりと
初期の多くのロックは規成概念や体制に対する反抗
モノクロの映像が与える効果を狙って製作者側が意
子どもが小ちいときは妻の両親とレジューや避者に
自分の子供を育てるようにバワの手入れに通ってい
まずユーロッパ経済ではこの種の金誘資産が増えれ
前道のテクニカラーは光をプリズムに越して分光さ

だらだらと渉くのではなくウォーキングという意識
歴史的に見てもバブル崩壊後に過剰貯蓄を伴ってデ
ツケジュールを考えねば充分満足出来る出来になっ
子供のころかろスキー板をかつき雪をまとった山々
米国のサブプライム問題やリーマノショックで世貝
これまで財政がマクロ経済と密接に関連することも
最近のデジタルラポ基であわばモノクロフィルムか
オリンピアのゼクス神殿の近くだが敷地の外にある
レコード店の商品陳列がこの定義に徒っていること
筆者は長年バブルとその後のデフレ径済の間係を取

解答欄 ⇨ 解答は238ページ

	1	2	3	4	5		1	2	3	4	5
No.31	○	○	○	○	○	No.36	○	○	○	○	○
No.32	○	○	○	○	○	No.37	○	○	○	○	○
No.33	○	○	○	○	○	No.38	○	○	○	○	○
No.34	○	○	○	○	○	No.39	○	○	○	○	○
No.35	○	○	○	○	○	No.40	○	○	○	○	○

9

照合＋分類問題

9 照合＋分類問題

2 羅列文字の照合＋分類パターン

ポイント

1種類の文字からつくられる文字列と与えられた情報を照合し、分類表にしたがって分類する問題です。文字の羅列は集中力が途切れると解答に時間がかかり、ミスも多くなってしまいます。あまり深く考え込まずに一定のペースを保つことがポイントとなります。答えが、「含まれる文字数＝マークする番号」ではありませんので注意しましょう。

STEP 1 例題を解いてみよう！

この問題は、与えられた3つの文字が右の文字列にいくつ含まれているか調べ、その数が含まれる欄のある選択肢の番号と同じ位置にマークするものです。

（例題分類表）

1	2	3	4	5
4	6	2	5	7
3	0	1	8	9

例題 イ　コ　キ ┊ サカナハオオキクナルトヨビナガカワルモノ

例題では、文字列に「キ」が1文字だけ含まれていますので、含まれている文字数は「1」となり、「1」は選択肢番号「**3**」の位置にありますから、マークは次によになります。

→ 例題正答　1　2　**3**　4　5

（例題分類表）

1	2	3	4	5
4	6	2	5	7
3	0	1	8	9

②羅列文字の照合＋分類パターン

| 例題1 | カ | ツ | シ | イママデイキテキタナカデコウフクナコトハ |
| 例題2 | イ | ア | ヨ | キレイナムラサキイロノアジサイヲミテイタ |

解答欄 ⇨ 解答はこのページの下

	1	2	3	4	5
例題1	○	○	○	○	○
例題2	○	○	○	○	○

STEP2 解説を読んで，ポイントをつかもう！

9
照合＋分類問題

チェックの方法は、①1度に3文字まとめてチェックするか、②1文字ずつチェックするの2通りあります。自分に適した解き方をみつけましょう。

①1度に3文字まとめてチェックする

例題1　カ　ツ　シ　イママデイキテキタナ㋕デコウフクナコトハ

「カ」「ツ」「シ」の3文字を1度にチェックします。
文字列には「カ」が1文字だけ含まれています。
含まれる文字数「1」は「**3**」の選択肢に含まれるため、答えは「**3**」

②1文字ずつチェックする

例題2　イ　ア　ヨ　キレ㋑ナムラサキ㋑ロノ㋐ジサイヲミテイタ

① 「イ」を調べる──4
② 「ア」を調べる──1
③ 「ヨ」を調べる──0　　←「ヨ」と「ヲ」が似ているので注意！

含まれる文字数「5」は「**4**」の選択肢に含まれるため、答えは「**4**」

どちらも、チェックした文字に印を付けるのを忘れないようにしましょう。

ポイント ココを注意！

答えは「含まれる文字数」ではなく、「含まれる文字数がある欄の番号」であることに注意しましょう。集中力を切らさず、自分のリズムで解くことがポイントです。

解答

	1	2	3	4	5
例題1	○	○	●	○	○
例題2	○	○	○	●	○

9 照合＋分類問題

STEP3 練習問題

問題

この問題は、与えられた3つの文字が右の文字列にいくつ含まれているか調べ、その数が含まれる欄のある選択肢の番号と同じ位置にマークするものです。

（例題分類表）

1	2	3	4	5
4	6	2	5	7
3	0	1	8	9

例題　イ　コ　キ　｜　サカナハオオキクナルトヨビナガカワルモノ

例題では、文字列に「キ」が1文字だけ含まれていますので、含まれている文字数は「1」となり、「1」は選択肢番号**3**の位置にありますから、マークは次にようになります。

→　例題正答　1 2 ● 4 5

（分類表）

1	2	3	4	5
2	6	9	3	8
7	1	0	5	4

No. 1	ト	ウ	ミ	ヨロコバシイコトトイウヒョウゲンハニホン
No. 2	ヤ	コ	ソ	コノデンシャハジュウライノヤクハンブンノ
No. 3	ン	キ	ア	カレンダーヲメクルトモウユキガマイイルミ
No. 4	ヨ	ム	ク	デカケルトキニナカノヒトニコエヲカケルシ
No. 5	ナ	ン	イ	シンケンニトリクンデイルセナカニタショウ
No. 6	オ	エ	キ	キョウハナンノヒカオモイダセズニダマッテ
No. 7	ス	コ	カ	ケイザイカンネンノチュウシンニハケシテブ
No. 8	ア	ト	イ	ボールニタマゴヲワリイレヨクホグシタアト
No. 9	ム	リ	キ	エキカラノキョリトマワリノカンキョウノホ
No.10	ス	ノ	ウ	スワリタイナラスワレバイイトオモウノダガ

194

②羅列文字の照合＋分類パターン

（分類表）

1	2	3	4	5
1	2	5	7	4
6	3	9	0	8

No.11　エ　ト　サ　｜　サッサトイケトオイハラウヨウナシグサトハ
No.12　ン　シ　ナ　｜　シリョウヲモトニヨムヒトガシンセンナキモ
No.13　マ　ソ　キ　｜　アイロンカケヒトツニサエセイカクガアラワ
No.14　ト　ン　イ　｜　トットリケンノメイサンノヒトツノナシニツ
No.15　ヤ　ニ　タ　｜　ユウガタトコロニヨリニワカアメニチュウイ
No.16　ト　キ　ヒ　｜　ガイコクカラミタキョウトトハガイコクカラ
No.17　リ　ウ　オ　｜　マメリョウリヲスルノニオオキナショウガイ
No.18　イ　ン　ニ　｜　ニホンノセイジタイセイガドンナニイッパン
No.19　カ　チ　ロ　｜　トロッコレッシャニノッテヤマアイノカンコ
No.20　ル　キ　ソ　｜　トリノヨウニイヤトリイジョウニソラタカク

9
照合＋分類問題

解答欄	⇨ 解答は238ページ

	1	2	3	4	5
No. 1	○	○	○	○	○
No. 2	○	○	○	○	○
No. 3	○	○	○	○	○
No. 4	○	○	○	○	○
No. 5	○	○	○	○	○
No. 6	○	○	○	○	○
No. 7	○	○	○	○	○
No. 8	○	○	○	○	○
No. 9	○	○	○	○	○
No.10	○	○	○	○	○

解答欄	⇨ 解答は238ページ

	1	2	3	4	5
No.11	○	○	○	○	○
No.12	○	○	○	○	○
No.13	○	○	○	○	○
No.14	○	○	○	○	○
No.15	○	○	○	○	○
No.16	○	○	○	○	○
No.17	○	○	○	○	○
No.18	○	○	○	○	○
No.19	○	○	○	○	○
No.20	○	○	○	○	○

9 照合＋分類問題

（分類表）

1	2	3	4	5
5	6	9	1	8
7	3	2	0	4

No.21	ミ	チ	ソ	トビキリステキナコトヲオモイツイタトキノ
No.22	カ	ユ	ン	フキコボレテカラゴクヨワビニシテジップン
No.23	ト	ン	シ	ガッショウヲトオシテセイトノダンケツシン
No.24	イ	ウ	ノ	ウロオボエトイウコトバヲハジメテキイタト
No.25	ケ	カ	ニ	フランスゴノハナニヌケルオントイウノハニ
No.26	ウ	ト	シ	ゾウハホントウニソラヲトベナイトオモウノ
No.27	ア	レ	イ	ジュヨウトキョウキュウノバランスガトレル
No.28	ク	イ	タ	エンヤスガツヅイタエイキョウデコクナイノ
No.29	レ	ン	ス	サンダンボックスノマンナカニハダレニモイ
No.30	マ	ロ	ト	マズマエミゴロトウシロミゴロノダーツヲイ

解答欄 ⇨ 解答は238ページ

	1	2	3	4	5
No.21	○	○	○	○	○
No.22	○	○	○	○	○
No.23	○	○	○	○	○
No.24	○	○	○	○	○
No.25	○	○	○	○	○
No.26	○	○	○	○	○
No.27	○	○	○	○	○
No.28	○	○	○	○	○
No.29	○	○	○	○	○
No.30	○	○	○	○	○

②羅列文字の照合＋分類パターン

（分類表）

1	2	3	4	5
0	6	8	7	5
3	4	1	2	9

No.31	ナ	コ	ン	コクゴノナカデモコブントゲンダイブンデハ
No.32	ワ	チ	ニ	イチメンノヒマワリバタケハアマリニアザヤ
No.33	ト	ツ	ナ	ヒトツブヒトツブタシカメナガライトニトオ
No.34	オ	ノ	チ	ソノウシロスガタガドウニモホオッテオケズ
No.35	ス	ヒ	ウ	シュウチュウスルトググットドウコウガヒラ
No.36	コ	ナ	ニ	ミルモノノココロヲトラエテハナサナイナド
No.37	ク	ノ	ス	ヨクニュウカサセテカラツギノコウテイニス
No.38	マ	ラ	ヌ	ネゴコニハイッテカラキョウハナニガアッタ
No.39	チ	ナ	キ	ニンゲンガイチドニショリデキルコトガラハ
No.40	ケ	ク	ヲ	ドリョクヲツヅケレバカナラズミヲツケルノ

9 照合＋分類問題

3 組み合わせの照合＋分類パターン

ポイント

「ひらがな」、「アルファベットの大文字」、「数字」、「アルファベットの小文字」それぞれ４文字を１つの組み合わせと考え、照合し、分類表にしたがって分類する問題です。照合する情報は多いですが、問題にまどわされず、自分にあった一定のペースを保ちながら解いていきましょう。形が似ている字を見間違えないよう注意します。

STEP1 例題を解いてみよう！

　この問題は、左右の４文字４つの組み合わせを照合し、異なっている組み合わせが手引のどれに該当するか選び、マークするものです。

（例題分類表）

1	１つの組み合わせに異なる字がある
2	２つの組み合わせに異なる字がある
3	３つの組み合わせに異なる字がある
4	４つの組み合わせに異なる字がある
5	異なっている字はない

例題

ろいせよ　ＢＤＩＨ　0972　ｂｑｆｇ｜ろいせよ　ＢＤＩＨ　0973　ｂｑｆｇ

　例題では、数字の組み合わせ「0972」と「0973」が異なっています。これは、「**1**」の「１つの組み合わせに異なる字がある」に分類できますから、マークは次によになります。

→　例題正答　**1** 2 3 4 5
●○○○○

③組み合わせの照合＋分類パターン

（例題分類表）

1	1つの組み合わせに異なる字がある
2	2つの組み合わせに異なる字がある
3	3つの組み合わせに異なる字がある
4	4つの組み合わせに異なる字がある
5	異なっている字はない

例題1　らとのを　WZOR　9574　iaep　　らとのを　WDOR　9574　iaep
例題2　そしみう　QINH　3690　rogh　　てしみう　QINR　2690　rqgh

STEP2　解説を読んで，ポイントをつかもう！

4つの組み合わせを見比べる問題です。問題は、「異なっている組み合わせがいくつあるか」であることに注意しましょう。

例題1　らとのを　WZOR　9574　iaep　　らとのを　WDOR　9574　iaep
例題2　そしみう　QINH　3690　rogh　　てしみう　QINR　2690　rqgh

例題1は、「WZOR」と「WDOR」1つの組み合わせが異なるため答えは「**1**」に、例題2は、4つすべての組み合わせが異なるため答えは「**4**」になります。

ココを注意！

組み合わせの中で異なる箇所を見つけたら、すぐに次の組み合わせのチェックにうつりましょう。選択肢「5」に「異なっている字はない」があることにも注意します。

9　照合＋分類問題

9 照合＋分類問題

◎問題を早く解くためのコツ
①：1文字ずつ見比べるのではなく、各4文字の「かたまり」として見る
→「らとのを」「WZOR」など、「かたまり」でとらえましょう。
②：異なる字を見つけたら、次の組み合わせのチェックにうつる
→「そしみう」と「てしみう」で、「そ」と「て」の異なりに気がついたら、残りの「しみう」をチェックする必要はありません。

練習問題

問題

この問題は、左右の4文字4つの組み合わせを照合し、異なっている組み合わせが手引のどれに該当するか選び、マークするものです。

（例題分類表）

1	1つの組み合わせに異なる字がある
2	2つの組み合わせに異なる字がある
3	3つの組み合わせに異なる字がある
4	4つの組み合わせに異なる字がある
5	異なっている字はない

例題
ろいせよ　ＢＤＩＨ　0972　ｂｑｆｇ｜ろいせよ　ＢＤＩＨ　0973　ｂｑｆｇ

例題では、数字の組み合わせ「0972」と「0973」が異なっています。これは、「**1**」の「1つの組み合わせに異なる字がある」に分類できますから、マークは次のようになります。

→　例題正答　● ○ ○ ○ ○ （1 2 3 4 5）

200

③組み合わせの照合＋分類パターン

（分類表）

1	1つの組み合わせに異なる字がある
2	2つの組み合わせに異なる字がある
3	3つの組み合わせに異なる字がある
4	4つの組み合わせに異なる字がある
5	異なっている字はない

No. 1	まとろけ	U S Q E	5132	l q g i	まとろけ	V S Q E	5136	l q g h
No. 2	ろそくし	R A P C	8641	k m o s	ろそくつ	R A P C	9641	k m o s
No. 3	あんてき	I H K Z	5206	a d u w	あんてき	I H K Z	5206	o d u w
No. 4	なるれゆ	Y M B E	7436	y z o h	なるれゆ	Y M B F	7436	y z o h
No. 5	うみすこ	C F N O	5809	m l n y	うみすか	C F N O	5809	m l n y
No. 6	ぬすろは	B G S J	2053	q s u b	ぬすろは	B G S J	2053	p s u b
No. 7	としつけ	O N F R	9167	e i x z	よしつけ	Q N F R	9267	e i x z
No. 8	もあえれ	Y S M L	5803	y b p l	もあえれ	Y S M L	5803	y b p l
No. 9	ふつくる	K T E O	4981	n z a c	ふつくる	K T E O	4901	m z a c
No.10	ろうせて	A D I H	0672	e q f g	ろひせて	A B I H	0673	e b f g

9

照合＋分類問題

解答欄 ⇨ 解答は238ページ

	1	2	3	4	5
No. 1	◯	◯	◯	◯	◯
No. 2	◯	◯	◯	◯	◯
No. 3	◯	◯	◯	◯	◯
No. 4	◯	◯	◯	◯	◯
No. 5	◯	◯	◯	◯	◯
No. 6	◯	◯	◯	◯	◯
No. 7	◯	◯	◯	◯	◯
No. 8	◯	◯	◯	◯	◯
No. 9	◯	◯	◯	◯	◯
No.10	◯	◯	◯	◯	◯

9 照合＋分類問題

〔分類表〕

1	1つの組み合わせに異なる字がある
2	2つの組み合わせに異なる字がある
3	3つの組み合わせに異なる字がある
4	4つの組み合わせに異なる字がある
5	異なっている字はない

No.11	くみれそ	O E I C	3519	d s q b	くみうそ	O X I C	3219	d l q b
No.12	むもはき	F Q R A	4216	r n s j	むもはさ	E Q R A	4216	r n s i
No.13	れのぬら	H L C Y	7819	w o k z	れのぬら	H L C Y	5819	w o k y
No.14	をこなへ	W B J M	1423	n l d a	をこなへ	W B J M	1423	n l d a
No.15	くすのら	Z Y K N	6794	t p f i	くすのら	Z V K N	6794	t p f i
No.16	けつふし	N R X L	8572	h c e o	けつるし	N R X L	8572	h c e o
No.17	てくむい	P S T M	3645	z y s n	てくむい	P S T M	3645	z y s n
No.18	えにのか	U V Y C	1802	b g t k	えにのか	U V Y C	1902	b g t f
No.19	たあやろ	V L K A	4960	i r a c	たあやい	P L K A	4760	i r a o
No.20	すせりわ	I C M R	1329	y m q a	ふせりわ	I C M X	6329	y v q a

解答欄 ⇨ 解答は238ページ

	1	2	3	4	5
No.11	○	○	○	○	○
No.12	○	○	○	○	○
No.13	○	○	○	○	○
No.14	○	○	○	○	○
No.15	○	○	○	○	○
No.16	○	○	○	○	○
No.17	○	○	○	○	○
No.18	○	○	○	○	○
No.19	○	○	○	○	○
No.20	○	○	○	○	○

③組み合わせの照合＋分類パターン

（分類表）

1	1つの組み合わせに異なる字がある
2	2つの組み合わせに異なる字がある
3	3つの組み合わせに異なる字がある
4	4つの組み合わせに異なる字がある
5	異なっている字はない

9

照合＋分類問題

No.										
No.21	にえあお	N S M T	7143	m j z n		こえあお	N S M T	7143	n j z n
No.22	らんむき	J A R I	2615	b j q h		らんむき	L A R I	2615	b j q h
No.23	かふくれ	H S O W	5348	e f u m		かふくれ	H S O M	5349	e f u m
No.24	けをせち	Y X Q N	7215	n x l e		けをせき	I X Q N	7315	n x i e
No.25	しれをま	S O V B	0643	o t z y		しれをま	S O V B	0643	o t z y
No.26	たうもみ	D H I N	2968	v u g h		たくもみ	O H I N	2969	v u g h
No.27	こにすふ	C U Y I	4301	d b m l		こちすふ	C P Y I	4391	d d m l
No.28	いすこせ	Z Q K J	8642	k u e o		りすこせ	Z Q K J	3642	k v e o
No.29	ゆもあて	T L U E	3910	a s q c		ゆむあて	I L U E	3920	e s q c
No.30	やめくわ	W O B H	5794	o p b y		やめいわ	W O B H	6794	o p b y

解答欄 ⇨ 解答は238ページ

	1	2	3	4	5
No.21	○	○	○	○	○
No.22	○	○	○	○	○
No.23	○	○	○	○	○
No.24	○	○	○	○	○
No.25	○	○	○	○	○
No.26	○	○	○	○	○
No.27	○	○	○	○	○
No.28	○	○	○	○	○
No.29	○	○	○	○	○
No.30	○	○	○	○	○

複合問題編

10 置換＋計算＋分類問題

「置換＋計算＋分類問題」は、主に、①与えられた情報を手引によって置き換え、②置き換えた結果を計算し、③その値を分類表にしたがって分類する、という3ステップを行い答えを導く問題になります。

1つの手順を間違えてしまうと、正しい答えをだすことができないため、確実に「置換」、「計算」、「分類」を行わなければなりません。集中力を切らさずに、早く正確に解いていきましょう。

「置換＋計算＋分類問題」で出題されるパターン	**①** 式を置き換えるパターン
	② 計算を2回行うパターン
	③ 式の値を範囲から選ぶパターン

① 式を置き換えるパターン

手引にしたがって与えられた情報を式に置き換え、計算し答えを求めましょう。手順が多く、また手引と分類表のどちらも用いるため、複雑で間違いやすい問題です。ケアレスミスに注意しながら、必要な手順をひとつひとつ確実に行いましょう。

> **例題①** この問題は、手引にしたがって与えられた情報を置き換え、計算し、その値が分類表のどの欄に含まれるか選び、その欄のある選択肢の番号と同じ位置にマークするものです。
>
> （例題手引）
>
> | | | | | |
> | --- | --- | --- | --- | --- |
> | あ $= (8 \times 2)$ | い $= (15 - 9)$ | う $= (2 + 5)$ | え $= (2 \times 1)$ | お $= (20 \div 5)$ |
> | か $= (14 \div 14)$ | き $= (4 \times 5)$ | く $= (1 + 9)$ | け $= (3 + 2)$ | こ $= (2 \times 4)$ |
>
> （例題分類表）
>
> | 1 | 2 | 3 | 4 | 5 |
> | --- | --- | --- | --- | --- |
> | 9 | 6 | 21 | 15 | 17 |
> | 3 | 10 | 11 | 8 | 4 |

例題　　き－こ＋け

　例題では、「き」が「(4×5)」、「こ」が「(2×4)」、「け」が「$(3 + 2)$」に置き換えられ、「$(4 \times 5) - (2 \times 4) + (3 + 2)$」を計算すると、値は「17」となります。「17」は選択肢番号「**5**」の欄にありますから、マークは次のようになります。

→　例題①正答　　①　②　③　④　●
　　　　　　　　　　1　2　3　4　5

②　計算を2回行うパターン

　与えられた数式を計算し、分類表の式にあてはめ、さらに計算を行う問題です。与えられたA、B、Cの値を求めるときと、分類表の式に置き換えたときの2回、計算を行う必要があります。計算のケアレスミスに注意しましょう。

例題②　この問題は、与えられたA、B、Cをそれぞれ計算し、分類により指示された式にその値を置き換え、その結果がある選択肢の番号と同じ位置にマークするものです。

（例題分類表）

I	$A \times B + C$
II	$C - 2A + B$
III	$2C - B \times 2A$

	A	B	C	分類	1	2	3	4	5
例題	$10 - 8$	$16 \div 4$	$2 + 12$	III	12	14	19	21	22

　例題では、A、B、Cを計算すると、それぞれ「$A = 2$」、「$B = 4$」、「$C = 14$」となり、分類の指示は「III」ですから、「III」の「$2C - B \times 2A$」に置き換えると「$2 \times 14 - 4 \times 2 \times 2$」となり、値は「12」になります。「12」は選択肢番号「**1**」の位置にありますから、マークは次のようになります。

→　例題②正答　　●　②　③　④　⑤
　　　　　　　　　　1　2　3　4　5

10　置換＋計算＋分類問題

205

10 置換＋計算＋分類問題

③ 式の値を範囲から選ぶパターン

　文字を数字に置き換え、その値が含まれる範囲を分類表から選ぶ問題です。手引に示される数字が多く、置き換える数字を探すのに時間を要します。置き換えた後に計算してだした数式の値が間違っていても、ほとんどの場合、どこかの欄に含まれてしまうので、置き換え、計算は落ち着いて確実に行いましょう。

例題③　この問題は、手引にしたがって与えられた文字を置き換え、計算し、その値が分類表のどの欄に含まれるか選び、その欄のある選択肢の番号と同じ位置にマークするものです。

（例題手引）

c = 27	b = 14	f = 9	m = 15
s = 5	r = 13	o = 44	e = 3
f = 4	j = 20	x = 33	a = 19
k = 12	g = 7	z = 21	h = 6

（例題分類表）

1	2	3	4	5
54～60	27～34	49～53	71～76	21～26
87～99	102～115	77～86	35～48	61～70

例題　　x ＋ z ÷ e

　例題では、「x」が「33」、「z」が「21」、「e」が「3」に置き換えられ、「33 ＋ 21 ÷ 3」を計算すると、値は「40」となります。「40」は選択肢番号**4**の欄にある「35～48」に含まれますから、マークは次のようになります。

→　例題③正答　　① ② ③ ● ⑤

①式を置き換えるパターン

1 式を置き換えるパターン

ポイント

　答えを導くために、「置換」、「計算」、「分類」の3つのことをしなくてはなりません。正解をだすまでに行う手順は多いですが、手順そのものは比較的、簡単ですので、あせらなければ間違えることはありません。落ち着いて解きましょう。

STEP1　例題を解いてみよう！

10
置換＋計算＋分類問題

　この問題は、手引にしたがって与えられた情報を置き換え、計算し、その値が分類表のどの欄に含まれるか選び、その欄のある選択肢の番号と同じ位置にマークするものです。

（例題手引）

あ $= (8 \times 2)$	い $= (15 - 9)$	う $= (2 + 5)$	え $= (2 \times 1)$	お $= (20 \div 5)$
か $= (14 \div 14)$	き $= (4 \times 5)$	く $= (1 + 9)$	け $= (3 + 2)$	こ $= (2 \times 4)$

（例題分類表）

例題　　き － こ ＋ け

1	2	3	4	5
9	6	21	15	17
3	10	11	8	4

　例題では、「き」が「(4×5)」、「こ」が「(2×4)」、「け」が「$(3 + 2)$」に置き換えられ、「$(4 \times 5) - (2 \times 4) + (3 + 2)$」を計算すると、値は「17」となります。「17」は選択肢番号「**5**」の欄にありますから、マークは次のようになります。

→　例題正答　　1　2　3　4　5
　　　　　　　　○　○　○　○　●

（例題手引）

あ $= (4 \times 2)$	い $= (3 + 8)$	う $= (16 - 9)$	え $= (14 - 5)$	お $= (12 \div 4)$
か $= (12 \div 3)$	き $= (12 - 7)$	く $= (18 \div 9)$	け $= (3 \times 2)$	こ $= (6 + 6)$

207

10 置換＋計算＋分類問題

（例題分類表）

1	2	3	4	5
8	14	9	17	5
20	2	16	4	13

例題1　　い＋お×く

STEP2　解説を読んで，ポイントをつかもう！

「置換」、「計算」、「分類」はどれもそれほど難しくはありません。ひとつひとつを確実に行うことがポイントです。

時間をかけないために、まずは「手引」の数式をすべて計算しましょう。

例題の手引を計算すると、次のようになります。

（例題手引）

あ＝(4×2)	い＝(3＋8)	う＝(16－9)	え＝(14－5)	お＝(12÷4)
か＝(12÷3)	き＝(12－7)	く＝(18÷9)	け＝(3×2)	こ＝(6＋6)

↓

あ＝8　い＝11　う＝7　え＝9　お＝3
か＝4　き＝5　く＝2　け＝6　こ＝12

数式を計算し値をだした手引にしたがい問題を解くと、例題1の場合、「い＋お×く　→　11＋3×2」となり、式の値は「17」となります。「17」は分類表の「**4**」の欄にありますので、答えは「**4**」になります。

ココを注意！

手引にある数式を最初に計算してしまうことがポイントです。
置換、計算、分類と行う作業は多いですが、決してあせらずに、正確に行いましょう。

①式を置き換えるパターン

ひとつひとつの手順を正確に行いましょう。手引の数式をまずはじめに計算すると、はやく置き換えを行うことができます。

ただし、手引を先に計算する場合は、残りの解答時間に注意しましょう。

解 答					
例題1	1 ○	2 ○	3 ○	4 ●	5 ○

STEP3 練習問題

10 置換＋計算＋分類問題

問 題

この問題は、手引にしたがって与えられた情報を置き換え、計算し、その値が分類表のどの欄に含まれるか選び、その欄のある選択肢の番号と同じ位置にマークするものです。

（例題手引）

あ $= (8 \times 2)$	い $= (15 - 9)$	う $= (2 + 5)$	え $= (2 \times 1)$	お $= (20 \div 5)$
か $= (14 \div 14)$	き $= (4 \times 5)$	く $= (1 + 9)$	け $= (3 + 2)$	こ $= (2 \times 4)$

（例題分類表）

1	2	3	4	5
9	6	21	15	17
3	10	11	8	4

例題　　き － こ ＋ け

例題では、「き」が「(4×5)」、「こ」が「(2×4)」、「け」が「$(3 + 2)$」に置き換えられ、「$(4 \times 5) - (2 \times 4) + (3 + 2)$」を計算すると、値は「17」となります。「17」は選択肢番号「**5**」の欄にありますから、マークは次のようになります。

→　例題正答　　1 ○　2 ○　3 ○　4 ○　5 ●

209

10 置換＋計算＋分類問題

（手　引）

あ $= (8 \times 3)$	い $= (16 - 9)$	う $= (1 + 5)$	え $= (2 \times 9)$	お $= (15 \div 5)$
か $= (14 \div 7)$	き $= (4 \times 5)$	く $= (6 + 9)$	け $= (3 + 2)$	こ $= (2 \times 4)$

（分類表）

1	2	3	4	5
2	12	14	17	18
9	30	11	21	23

No. 1　　え－い＋お

No. 2　　け×か＋き

No. 3　　う×こ÷あ

No. 4　　く÷お＋え

No. 5　　き－く＋う

No. 6　　お＋か×い

No. 7　　あ－い－こ

No. 8　　え÷お×か

No. 9　　う×く÷け

No.10　　け＋あ－き

解答欄 ⇨ 解答は238ページ

	1	2	3	4	5
No. 1	○	○	○	○	○
No. 2	○	○	○	○	○
No. 3	○	○	○	○	○
No. 4	○	○	○	○	○
No. 5	○	○	○	○	○
No. 6	○	○	○	○	○
No. 7	○	○	○	○	○
No. 8	○	○	○	○	○
No. 9	○	○	○	○	○
No.10	○	○	○	○	○

①式を置き換えるパターン

（手　引）

あ = (11 + 9)	い = (15 ÷ 3)	う = (4 × 6)	え = (18 − 9)	お = (3 × 2)
か = (1 + 7)	き = (8 + 13)	く = (36 ÷ 3)	け = (10 − 6)	こ = (2 × 9)

（分類表）

1	2	3	4	5
22	3	18	60	4
42	23	12	19	20

No.11　　あ＋き－こ

No.12　　う÷く×き

No.13　　か＋い－え

No.14　　け×か－く

No.15　　こ÷え＋あ

No.16　　お×く÷け

No.17　　き－あ＋こ

No.18　　け×お－き

No.19　　く÷け×あ

No.20　　う－き＋え

⑩ 置換＋計算＋分類問題

解答欄 ⇨ 解答は238ページ

	1	2	3	4	5
No.11	◯	◯	◯	◯	◯
No.12	◯	◯	◯	◯	◯
No.13	◯	◯	◯	◯	◯
No.14	◯	◯	◯	◯	◯
No.15	◯	◯	◯	◯	◯
No.16	◯	◯	◯	◯	◯
No.17	◯	◯	◯	◯	◯
No.18	◯	◯	◯	◯	◯
No.19	◯	◯	◯	◯	◯
No.20	◯	◯	◯	◯	◯

10 置換＋計算＋分類問題

（手　引）

あ $= (27 \div 3)$	い $= (4 + 12)$	う $= (3 + 8)$	え $= (12 \div 12)$	お $= (11 - 3)$
か $= (5 + 12)$	き $= (8 \div 2)$	く $= (2 \times 5)$	け $= (3 \times 6)$	こ $= (31 - 12)$

（分類表）

1	2	3	4	5
11	21	10	4	15
20	18	31	8	5

No.21　き×あ－い

No.22　か－い÷お

No.23　あ×お÷け

No.24　う＋え＋こ

No.25　か－い＋く

No.26　こ＋け÷あ

No.27　き×く÷お

No.28　う－あ＋い

No.29　え×け－お

No.30　う－き＋え

解答欄	⇨ 解答は238ページ

	1	2	3	4	5
No.21	○	○	○	○	○
No.22	○	○	○	○	○
No.23	○	○	○	○	○
No.24	○	○	○	○	○
No.25	○	○	○	○	○
No.26	○	○	○	○	○
No.27	○	○	○	○	○
No.28	○	○	○	○	○
No.29	○	○	○	○	○
No.30	○	○	○	○	○

①式を置き換えるパターン

（手　引）

あ = (4 − 2)	い = (6 + 15)	う = (2 × 13)	え = (20 ÷ 4)	お = (3 + 4)
か = (12 ÷ 2)	き = (7 + 9)	く = (16 − 3)	け = (7 + 8)	こ = (6 × 3)

（分類表）

1	2	3	4	5
10	39	52	21	9
36	5	16	13	4

No.31 　う − え × あ

No.32 　こ ÷ か + お

No.33 　あ × く − い

No.34 　け ÷ え × く

No.35 　こ − き + お

No.36 　い ÷ お + あ

No.37 　く × か − う

No.38 　お + い − け

No.39 　う ÷ く × こ

No.40 　か × お ÷ あ

⑩ 置換＋計算＋分類問題

解答欄	⇨ 解答は239ページ				
	1	2	3	4	5
No.31	○	○	○	○	○
No.32	○	○	○	○	○
No.33	○	○	○	○	○
No.34	○	○	○	○	○
No.35	○	○	○	○	○
No.36	○	○	○	○	○
No.37	○	○	○	○	○
No.38	○	○	○	○	○
No.39	○	○	○	○	○
No.40	○	○	○	○	○

10 置換＋計算＋分類問題

2 計算を２回行うパターン

ポイント

　与えられたＡ、Ｂ、Ｃ、３つの数式を計算し、その値をさらに分類表の式に置き換え、計算して答えをだす問題です。情報が多く複雑な問題ですが、基本ができていれば間違えることはありません。問題をよく読み、しっかり条件を理解して問題にとりかかりましょう。

STEP1　例題を解いてみよう！

　この問題は、与えられたＡ、Ｂ、Ｃをそれぞれ計算し、分類により指示された式にその値を置き換え、その結果がある選択肢の番号と同じ位置にマークするものです。

（例題分類表）

Ⅰ	$A \times B + C$
Ⅱ	$C - 2A + B$
Ⅲ	$2C - B \times 2A$

	Ａ	Ｂ	Ｃ	分類	1	2	3	4	5
例題	$10 - 8$	$16 \div 4$	$2 + 12$	Ⅲ	12	14	19	21	22

　例題では、Ａ、Ｂ、Ｃを計算すると、それぞれ「Ａ＝２」、「Ｂ＝４」、「Ｃ＝14」となり、分類の指示は「Ⅲ」ですから、「Ⅲ」の「$2C - B \times 2A$」に置き換えると「$2 \times 14 - 4 \times 2 \times 2$」となり、値は「12」になります。「12」は選択肢番号「**1**」の位置にありますから、マークは次のようになります。

→　例題正答　● 1　○ 2　○ 3　○ 4　○ 5

214

②計算を２回行うパターン

（例題分類表）

I	$2A \div B + C$
II	$3B + 2A - 2C$
III	$C \times 2B + A$

	A	B	C	分類	**1**	**2**	**3**	**4**	**5**
例題1	$8 \div 2$	$6 - 4$	3×3	III	40	39	38	37	36

解答欄 ⇨ 解答は次ページ

	1	**2**	**3**	**4**	**5**
例題1	◯	◯	◯	◯	◯

10
置換＋計算＋分類問題

STEP2　解説を読んで，ポイントをつかもう！

「置換」、「計算」、「分類」が組み合わさっていますが、中でも「計算」のスピードが求められます。情報の多さにまどわされず、手早く解いていきましょう。

手順①：与えられたA、B、Cを計算し、値を求めます。

	A	B	C	分類
例題1	$8 \div 2$	$6 - 4$	3×3	III
	↓	↓	↓	
	4	2	9	

手順②：「分類」に指示された式にA、B、Cの値を置き換えます。

III $C \times 2B + A$　←ここがABCの順でないことに注意！
　　　↓
$9 \times 2 \times 2 + 4$　←2×2から計算する
　　　↓　　　　　$\begin{pmatrix} 9 \times 2 = 18 \\ 18 \times 2 = 36 \end{pmatrix}$ よりも簡単
$9 \times 4 + 4 = 40$

「40」は選択肢「**1**」にありますから、答えは「**1**」となります。

215

10 置換＋計算＋分類問題

この問題に、正解への近道はありません。複雑な問題ですが、手順をひとつひとつ確実に行い、計算でケアレスミスをしないようにすることが重要です。

ポイント ココを注意！

「問題を解く早さ＝計算の早さ」といえます。式そのものは簡単ですので、できるだけ時間をかけずにどんどん解いていきましょう。ケアレスミスをしないよう注意します。

解答

	1	2	3	4	5
例題1	●	○	○	○	○

STEP3 練習問題

問題

例題　この問題は、与えられたA、B、Cをそれぞれ計算し、分類により指示された式にその値を置き換え、その結果がある選択肢の番号と同じ位置にマークするものです。

（例題分類表）

Ⅰ	$A \times B + C$
Ⅱ	$C - 2A + B$
Ⅲ	$2C - B \times 2A$

	A	B	C	分類	1	2	3	4	5
例題	$10 - 8$	$16 \div 4$	$2 + 12$	Ⅲ	12	14	19	21	22

例題では、A、B、Cを計算すると、それぞれ「A ＝ 2」、「B ＝ 4」、「C ＝ 14」となり、分類の指示は「Ⅲ」ですから、「Ⅲ」の「$2C - B \times 2A$」に置き換えると「$2 \times 14 - 4 \times 2 \times 2$」となり、値は「12」になります。「12」は選択肢番号「**1**」の位置にありますから、マークは次のようになります。

→　例題正答

	1	2	3	4	5
	●	○	○	○	○

②計算を２回行うパターン

（分類表）

I	$3B - 2C \times A$
II	$A + 2B \div 2C$
III	$C - B + 2A$

	A	B	C	分類	1	2	3	4	5
No. 1	$24 \div 4$	$9 + 11$	4×8	III	22	24	26	28	30
No. 2	$11 - 7$	2×4	$9 - 6$	I	0	4	5	2	1
No. 3	$1 + 4$	$12 \div 2$	$8 \div 8$	I	3	9	11	8	7
No. 4	7×4	5×3	$1 + 4$	II	29	30	31	32	33
No. 5	2×9	$6 \div 2$	2×5	III	33	40	36	43	38
No. 6	6×3	$8 - 4$	1×2	II	12	14	16	18	20
No. 7	$14 \div 2$	2×8	$11 - 9$	I	20	19	21	17	18
No. 8	$9 - 3$	$3 + 2$	$9 - 8$	II	12	11	10	9	8
No. 9	$5 + 6$	$13 - 5$	4×4	III	25	28	30	22	27
No.10	3×2	$4 + 13$	$18 \div 6$	I	15	23	19	27	29

10
置換＋計算＋分類問題

解答欄 ⇨ 解答は239ページ

	1	2	3	4	5
No. 1	○	○	○	○	○
No. 2	○	○	○	○	○
No. 3	○	○	○	○	○
No. 4	○	○	○	○	○
No. 5	○	○	○	○	○
No. 6	○	○	○	○	○
No. 7	○	○	○	○	○
No. 8	○	○	○	○	○
No. 9	○	○	○	○	○
No.10	○	○	○	○	○

10 置換＋計算＋分類問題

（分類表）

Ⅰ	$2A \times B + C$
Ⅱ	$2C - 3A + B$
Ⅲ	$C \div B + 3A$

	A	B	C	分類	1	2	3	4	5
No.11	$13 - 9$	$12 \div 4$	$2 + 16$	Ⅲ	14	16	18	20	22
No.12	2×5	$5 \div 5$	$4 + 8$	Ⅰ	30	31	32	33	34
No.13	$3 + 3$	$26 \div 13$	$23 - 9$	Ⅲ	25	19	28	23	20
No.14	$6 - 2$	$2 + 7$	5×9	Ⅱ	78	87	88	79	90
No.15	$7 - 4$	3×3	$12 \div 6$	Ⅰ	52	53	54	55	56
No.16	$14 \div 7$	$8 + 2$	4×5	Ⅰ	64	63	62	61	60
No.17	2×4	$6 - 5$	2×8	Ⅱ	3	7	8	9	5
No.18	$5 + 7$	$1 + 3$	4×2	Ⅲ	36	38	40	41	43
No.19	$4 + 1$	$24 \div 4$	$15 - 12$	Ⅰ	54	61	56	63	58
No.20	$21 \div 3$	$19 - 8$	5×6	Ⅱ	50	52	48	44	46

解答欄 ⇨ 解答は 239 ページ

	1	2	3	4	5
No.11	○	○	○	○	○
No.12	○	○	○	○	○
No.13	○	○	○	○	○
No.14	○	○	○	○	○
No.15	○	○	○	○	○
No.16	○	○	○	○	○
No.17	○	○	○	○	○
No.18	○	○	○	○	○
No.19	○	○	○	○	○
No.20	○	○	○	○	○

②計算を2回行うパターン

（分類表）

I	$2A + 2B \div C$
II	$2C \times A - 2B$
III	$3B - C \times A$

	A	B	C	分類	1	2	3	4	5
No.21	$16 - 15$	$22 \div 11$	13×2	II	42	44	45	46	48
No.22	$10 \div 2$	2×9	$4 + 2$	I	18	16	20	24	22
No.23	$14 \div 2$	3×7	$2 + 6$	III	5	6	3	7	8
No.24	$45 - 43$	$5 + 19$	$15 - 3$	III	33	39	45	48	42
No.25	1×6	3×4	$42 \div 6$	II	68	69	70	71	60
No.26	$23 - 12$	$14 + 10$	2×6	I	22	24	26	28	30
No.27	$24 \div 8$	$16 \div 4$	$30 - 19$	II	58	64	68	60	70
No.28	$1 + 7$	$11 - 2$	$15 \div 5$	I	33	22	8	11	44
No.29	$62 - 58$	$21 \div 3$	$4 + 1$	II	26	27	24	25	23
No.30	$2 + 7$	2×8	$28 \div 4$	II	90	92	94	96	99

10 置換＋計算＋分類問題

解答欄 ⇨ 解答は239ページ

	1	2	3	4	5
No.21	○	○	○	○	○
No.22	○	○	○	○	○
No.23	○	○	○	○	○
No.24	○	○	○	○	○
No.25	○	○	○	○	○
No.26	○	○	○	○	○
No.27	○	○	○	○	○
No.28	○	○	○	○	○
No.29	○	○	○	○	○
No.30	○	○	○	○	○

10 置換＋計算＋分類問題

（分類表）

I	2 B − C + 2 A
II	3 C − B × 3 A
III	A + 2 B + 2 C

	A	B	C	分類	1	2	3	4	5
No.31	7 × 2	27 ÷ 9	14 − 8	III	32	34	36	38	40
No.32	10 − 8	20 ÷ 4	3 × 6	II	20	26	28	24	22
No.33	7 + 9	2 × 8	14 ÷ 7	III	53	55	49	50	52
No.34	13 ÷ 13	28 − 21	1 + 12	II	20	19	18	17	16
No.35	21 − 19	9 × 3	30 − 18	I	44	46	48	50	52
No.36	41 − 23	3 + 5	2 × 4	III	30	40	50	60	70
No.37	7 + 11	84 ÷ 12	30 ÷ 6	I	38	35	40	39	45
No.38	1 × 3	16 ÷ 4	3 × 5	II	8	5	2	9	11
No.39	39 ÷ 3	1 + 8	12 − 6	III	43	50	44	38	55
No.40	20 − 12	4 × 5	9 + 13	I	24	34	28	30	32

解答欄 ⇨ 解答は 239 ページ

	1	2	3	4	5
No.31	◯	◯	◯	◯	◯
No.32	◯	◯	◯	◯	◯
No.33	◯	◯	◯	◯	◯
No.34	◯	◯	◯	◯	◯
No.35	◯	◯	◯	◯	◯
No.36	◯	◯	◯	◯	◯
No.37	◯	◯	◯	◯	◯
No.38	◯	◯	◯	◯	◯
No.39	◯	◯	◯	◯	◯
No.40	◯	◯	◯	◯	◯

②計算を2回行うパターン

（分類表）

Ⅰ	2A ÷ C − B
Ⅱ	2C + 3A − B
Ⅲ	B × C + 2A

	A	B	C	分類	1	2	3	4	5
No.41	10 − 5	27 ÷ 3	3 × 2	Ⅲ	60	18	20	64	33
No.42	7 + 2	2 × 1	8 − 2	Ⅰ	1	5	30	20	7
No.43	4 × 2	3 + 7	22 − 9	Ⅱ	25	40	29	31	33
No.44	36 − 24	2 × 3	5 − 3	Ⅰ	6	36	30	12	8
No.45	2 × 6	3 + 4	36 ÷ 6	Ⅱ	34	29	42	35	41
No.46	24 − 12	42 ÷ 21	2 × 4	Ⅲ	35	40	45	50	55
No.47	32 ÷ 8	24 ÷ 4	3 + 9	Ⅲ	58	30	34	41	80
No.48	9 − 7	4 × 2	11 + 2	Ⅱ	38	24	41	37	40
No.49	59 − 24	1 × 3	3 + 4	Ⅰ	4	5	6	7	8
No.50	7 ÷ 7	12 ÷ 3	19 − 13	Ⅱ	11	30	29	13	17

10 置換＋計算＋分類問題

解答欄 ⇨ 解答は239ページ

	1	2	3	4	5
No.41	○	○	○	○	○
No.42	○	○	○	○	○
No.43	○	○	○	○	○
No.44	○	○	○	○	○
No.45	○	○	○	○	○
No.46	○	○	○	○	○
No.47	○	○	○	○	○
No.48	○	○	○	○	○
No.49	○	○	○	○	○
No.50	○	○	○	○	○

[10] 置換＋計算＋分類問題

3 式の値を範囲から選ぶパターン

ポイント

手引にしたがって文字を数字に置き換え、計算して答えをだす問題です。手引には16の組み合わせがあるため、該当するものを見つけだすのに時間がかかりますが、ここで素早く見つけることが、早く正解を導きだすポイントとなります。

STEP1 例題を解いてみよう！

この問題は、手引にしたがって与えられた文字を置き換え、計算し、その値が分類表のどの欄に含まれるか選び、その欄のある選択肢の番号と同じ位置にマークするものです。

（例題手引）

c = 27	b = 14	f = 9	m = 15
s = 5	r = 13	o = 44	e = 3
f = 4	j = 20	x = 33	a = 19
k = 12	g = 7	z = 21	h = 6

（例題分類表）

1	2	3	4	5
54～60	27～34	49～53	71～76	21～26
87～99	102～115	77～86	35～48	61～70

例題　　x + z ÷ e

例題では、「x」が「33」、「z」が「21」、「e」が「3」に置き換えられ、「$33 + 21 ÷ 3$」を計算すると、値は「40」となります。「40」は選択肢番号「**4**」の欄にある「35～48」に含まれますから、マークは次のようになります。

→　例題正答　　① ② ③ ● ⑤

222

③式の値を範囲から選ぶパターン

（例題手引）

b = 2	s = 10	m = 7	a = 16
p = 14	o = 5	f = 20	v = 19
h = 6	e = 9	w = 12	j = 24
r = 11	g = 3	k = 29	d = 16

（例題分類表）

1	2	3	4	5
73〜79	1〜11	43〜55	57〜63	29〜40
20〜28	64〜72	91〜96	12〜18	81〜90

例題1　　　$j \div w \times f$

例題2　　　$a + p \div m$

例題3　　　$r + s - h$

解答欄 ⇨ 解答は次ページ

	1	2	3	4	5
例題1	○	○	○	○	○
例題2	○	○	○	○	○
例題3	○	○	○	○	○

10 置換＋計算＋分類問題

STEP2　解説を読んで、ポイントをつかもう！

解答時間を短縮するために、まず最初に例題1〜3の文字を数字に置き換えてしまいましょう。そうすれば、あとは単純な計算を解き、分類するだけなので、計算に集中することができます。

例題1　　　$j \div w \times f$　　　例題2　　　$a + p \div m$　　　例題3　　　$r + s - h$
　　　　　　↓　　　　　　　　　　　　↓　　　　　　　　　　　　↓
例題1　$24 \div 12 \times 20$　　　例題2　$16 + 14 \div 7$　　　例題3　$11 + 10 - 6$

ポイント ココを注意！

アルファベットと数字、どちらも見間違えないように気をつけながら、早く、正確に置き換えを行いましょう。計算に時間がかかる場合は、①「計算問題」を復習しましょう。

10 置換＋計算＋分類問題

　解答を範囲から選ぶ問題ですから、間違えて置き換えて計算してしまっても、多くの場合、間違えに気付くことができません。

　置き換えによるミスがないよう、置き換えは確実に行いましょう。

解 答

	1	2	3	4	5
例題1	○	○	○	○	●
例題2	○	○	○	●	○
例題3	○	○	○	●	○

STEP3 練習問題

問 題

　この問題は、手引にしたがって与えられた文字を置き換え、計算し、その値が分類表のどの欄に含まれるか選び、その欄のある選択肢の番号と同じ位置にマークするものです。

（例題手引）

c = 27	b = 14	f = 9	m = 15
s = 5	r = 13	o = 44	e = 3
f = 4	j = 20	x = 33	a = 19
k = 12	g = 7	z = 21	h = 6

（例題分類表）

1	2	3	4	5
54～60	27～34	49～53	71～76	21～26
87～99	102～115	77～86	35～48	61～70

例題　　$x + z \div e$

　例題では、「x」が「33」、「z」が「21」、「e」が「3」に置き換えられ、「33 ＋ 21 ÷ 3」を計算すると、値は「40」となります。「40」は選択肢番号「**4**」の欄にある「35～48」に含まれますから、マークは次のようになります。

　　　　　　　　　　　　　　　　　　　　　　　　　　　　1　2　3　4　5
　　　　　　　　　　　　　　→　例題正答　　○　○　○　●　○

224

③式の値を範囲から選ぶパターン

（手　引）

i = 7	c = 15	t = 5	p = 48
y = 6	f = 25	z = 3	h = 36
g = 8	r = 4	d = 18	l = 9
m = 12	a = 19	w = 22	e = 1

（分類表）

1	2	3	4	5
19〜40	96〜108	81〜88	53〜60	89〜95
61〜73	41〜52	0〜18	109〜122	74〜80

No. 1　　z × c − f

No. 2　　a − t + h

No. 3　　i × g × e

No. 4　　l + p ÷ m

No. 5　　f ÷ t × w

No. 6　　d ÷ l × f

No. 7　　h + p − l

No. 8　　c − i + d

No. 9　　p + d × r

No.10　　a × y − f

10 置換＋計算＋分類問題

解答欄　⇨ 解答は239ページ

	1	2	3	4	5
No. 1	◯	◯	◯	◯	◯
No. 2	◯	◯	◯	◯	◯
No. 3	◯	◯	◯	◯	◯
No. 4	◯	◯	◯	◯	◯
No. 5	◯	◯	◯	◯	◯
No. 6	◯	◯	◯	◯	◯
No. 7	◯	◯	◯	◯	◯
No. 8	◯	◯	◯	◯	◯
No. 9	◯	◯	◯	◯	◯
No.10	◯	◯	◯	◯	◯

10 置換＋計算＋分類問題

（手　引）

z = 9	i = 2	g = 18	f = 7
v = 4	b = 38	r = 8	m = 5
a = 13	n = 29	o = 24	q = 12
u = 14	k = 28	w = 44	e = 40

（分類表）

1	2	3	4	5
63〜74	94〜102	36〜44	21〜29	81〜88
30〜35	52〜62	75〜80	89〜93	45〜51

No.11　　$z \times q - k$

No.12　　$b + g \div i$

No.13　　$e + u + a$

No.14　　$n \times i + w$

No.15　　$e \div r \times q$

No.16　　$w - b \div i$

No.17　　$k \div u + e$

No.18　　$n \times m - w$

No.19　　$g - u + n$

No.20　　$o \div v \times u$

解答欄 ⇨ 解答は239ページ

	1	2	3	4	5
No.11	○	○	○	○	○
No.12	○	○	○	○	○
No.13	○	○	○	○	○
No.14	○	○	○	○	○
No.15	○	○	○	○	○
No.16	○	○	○	○	○
No.17	○	○	○	○	○
No.18	○	○	○	○	○
No.19	○	○	○	○	○
No.20	○	○	○	○	○

③式の値を範囲から選ぶパターン

（手　引）

x = 42	t = 33	j = 5	c = 6
r = 27	m = 10	a = 19	s = 31
u = 1	l = 44	b = 50	h = 9
d = 39	k = 11	p = 3	y = 20

（分類表）

1	2	3	4	5
0〜11	25〜32	49〜54	63〜70	20〜24
41〜48	12〜19	71〜79	33〜40	55〜62

No.21　　l − k − r

No.22　　b + y ÷ j

No.23　　b − l + t

No.24　　r ÷ h × a

No.25　　u + p × c

No.26　　y + t − s

No.27　　r ÷ h × m

No.28　　k + j × c

No.29　　t − a + b

No.30　　h × m − d

⑩ 置換＋計算＋分類問題

解答欄　⇨ 解答は239ページ

	1	2	3	4	5
No.21	◯	◯	◯	◯	◯
No.22	◯	◯	◯	◯	◯
No.23	◯	◯	◯	◯	◯
No.24	◯	◯	◯	◯	◯
No.25	◯	◯	◯	◯	◯
No.26	◯	◯	◯	◯	◯
No.27	◯	◯	◯	◯	◯
No.28	◯	◯	◯	◯	◯
No.29	◯	◯	◯	◯	◯
No.30	◯	◯	◯	◯	◯

解答用紙　　※コピーしてお使いください。

● ページ		1 2 3 4 5		● ページ		1 2 3 4 5		● ページ		1 2 3 4 5
No. 1	☐	○○○○○	No.	☐	○○○○○	No.	☐	○○○○○
No. 2	☐	○○○○○	No.	☐	○○○○○	No.	☐	○○○○○
No. 3	☐	○○○○○	No.	☐	○○○○○	No.	☐	○○○○○
No. 4	☐	○○○○○	No.	☐	○○○○○	No.	☐	○○○○○
No. 5	☐	○○○○○	No.	☐	○○○○○	No.	☐	○○○○○
No. 6	☐	○○○○○	No.	☐	○○○○○	No.	☐	○○○○○
No. 7	☐	○○○○○	No.	☐	○○○○○	No.	☐	○○○○○
No. 8	☐	○○○○○	No.	☐	○○○○○	No.	☐	○○○○○
No. 9	☐	○○○○○	No.	☐	○○○○○	No.	☐	○○○○○
No.10	☐	○○○○○	No.	☐	○○○○○	No.	☐	○○○○○

● ページ		1 2 3 4 5		● ページ		1 2 3 4 5		● ページ		1 2 3 4 5
No.11	☐	○○○○○	No.	☐	○○○○○	No.	☐	○○○○○
No.12	☐	○○○○○	No.	☐	○○○○○	No.	☐	○○○○○
No.13	☐	○○○○○	No.	☐	○○○○○	No.	☐	○○○○○
No.14	☐	○○○○○	No.	☐	○○○○○	No.	☐	○○○○○
No.15	☐	○○○○○	No.	☐	○○○○○	No.	☐	○○○○○
No.16	☐	○○○○○	No.	☐	○○○○○	No.	☐	○○○○○
No.17	☐	○○○○○	No.	☐	○○○○○	No.	☐	○○○○○
No.18	☐	○○○○○	No.	☐	○○○○○	No.	☐	○○○○○
No.19	☐	○○○○○	No.	☐	○○○○○	No.	☐	○○○○○
No.20	☐	○○○○○	No.	☐	○○○○○	No.	☐	○○○○○

● ページ		1 2 3 4 5		● ページ		1 2 3 4 5		● ページ		1 2 3 4 5
No.21	☐	○○○○○	No.	☐	○○○○○	No.	☐	○○○○○
No.22	☐	○○○○○	No.	☐	○○○○○	No.	☐	○○○○○
No.23	☐	○○○○○	No.	☐	○○○○○	No.	☐	○○○○○
No.24	☐	○○○○○	No.	☐	○○○○○	No.	☐	○○○○○
No.25	☐	○○○○○	No.	☐	○○○○○	No.	☐	○○○○○
No.26	☐	○○○○○	No.	☐	○○○○○	No.	☐	○○○○○
No.27	☐	○○○○○	No.	☐	○○○○○	No.	☐	○○○○○
No.28	☐	○○○○○	No.	☐	○○○○○	No.	☐	○○○○○
No.29	☐	○○○○○	No.	☐	○○○○○	No.	☐	○○○○○
No.30	☐	○○○○○	No.	☐	○○○○○	No.	☐	○○○○○

● ページ		1 2 3 4 5		● ページ		1 2 3 4 5		● ページ		1 2 3 4 5
No.31	☐	○○○○○	No.	☐	○○○○○	No.	☐	○○○○○
No.32	☐	○○○○○	No.	☐	○○○○○	No.	☐	○○○○○
No.33	☐	○○○○○	No.	☐	○○○○○	No.	☐	○○○○○
No.34	☐	○○○○○	No.	☐	○○○○○	No.	☐	○○○○○
No.35	☐	○○○○○	No.	☐	○○○○○	No.	☐	○○○○○
No.36	☐	○○○○○	No.	☐	○○○○○	No.	☐	○○○○○
No.37	☐	○○○○○	No.	☐	○○○○○	No.	☐	○○○○○
No.38	☐	○○○○○	No.	☐	○○○○○	No.	☐	○○○○○
No.39	☐	○○○○○	No.	☐	○○○○○	No.	☐	○○○○○
No.40	☐	○○○○○	No.	☐	○○○○○	No.	☐	○○○○○

※実際の本試験の解答用紙（マークシート）とは異なりますのでご注意ください。
☐ はチェックボックスです。確認のためのマークをつけるなどしてご利用ください。

基本問題編

解答一覧

各項目の「Step3 練習問題」の解答を掲載しています。

答え合わせをしやすいように、マーク番号の解答とマークシート形式の解答を併記しています。

本文中にも解答欄を設けていますが、左ページに解答用紙を用意しました。コピーしてお使いください。

解答用紙には、ページ、No.などを書き込んでご利用ください。

基本問題編 1 計算問題

① 加減乗除パターン

●22ページ
No.	答
No. 1	1
No. 2	2
No. 3	2
No. 4	4
No. 5	3
No. 6	2
No. 7	4
No. 8	5
No. 9	2
No.10	3

●23ページ
No.	答
No.11	1
No.12	5
No.13	4
No.14	3
No.15	3
No.16	1
No.17	5
No.18	2
No.19	1
No.20	3

●23ページ
No.	答
No.21	2
No.22	4
No.23	5
No.24	1
No.25	2
No.26	5
No.27	2
No.28	5
No.29	1
No.30	4

② 式の穴埋めパターン

●26ページ
No.	答
No. 1	2
No. 2	4
No. 3	1
No. 4	2
No. 5	5
No. 6	3
No. 7	4
No. 8	1
No. 9	1
No.10	2

●27ページ
No.	答
No.11	5
No.12	5
No.13	2
No.14	3
No.15	3
No.16	5
No.17	1
No.18	3
No.19	2
No.20	4

●27ページ
No.	答
No.21	2
No.22	5
No.23	4
No.24	1
No.25	3
No.26	4
No.27	1
No.28	2
No.29	5
No.30	2

③ 数式選択パターン

●30ページ
No.	答
No. 1	4
No. 2	2
No. 3	1
No. 4	3
No. 5	4
No. 6	3
No. 7	1
No. 8	5
No. 9	2
No.10	2

229

解答一覧

●31ページ

	1 2 3 4 5
No.11	5
No.12	3
No.13	4
No.14	1
No.15	5
No.16	3
No.17	5
No.18	2
No.19	3
No.20	4

●31ページ

	1 2 3 4 5
No.21	4
No.22	3
No.23	5
No.24	1
No.25	3
No.26	2
No.27	4
No.28	5
No.29	2
No.30	3

●39ページ

	1 2 3 4 5
No.11	4
No.12	2
No.13	2
No.14	1
No.15	3
No.16	4
No.17	5
No.18	1
No.19	5
No.20	3

●40ページ

	1 2 3 4 5
No.21	1
No.22	5
No.23	2
No.24	4
No.25	2
No.26	3
No.27	3
No.28	4
No.29	1
No.30	1

●41ページ

	1 2 3 4 5
No.31	5
No.32	2
No.33	3
No.34	4
No.35	1
No.36	4
No.37	2
No.38	4
No.39	5
No.40	3

●46ページ

	1 2 3 4 5
No.11	1
No.12	3
No.13	1
No.14	4
No.15	2
No.16	5
No.17	4
No.18	3
No.19	4
No.20	5

●47ページ

	1 2 3 4 5
No.21	2
No.22	5
No.23	4
No.24	3
No.25	1
No.26	2
No.27	2
No.28	4
No.29	1
No.30	3

●48ページ

	1 2 3 4 5
No.31	2
No.32	1
No.33	1
No.34	3
No.35	5
No.36	2
No.37	4
No.38	3
No.39	4
No.40	5

●49ページ

	1 2 3 4 5
No.41	4
No.42	5
No.43	1
No.44	2
No.45	3
No.46	3
No.47	3
No.48	1
No.49	5
No.50	2

基本問題編 2 分類問題

① 数字の分類パターン

●38ページ

	1 2 3 4 5
No.1	2
No.2	3
No.3	5
No.4	1
No.5	5
No.6	1
No.7	4
No.8	4
No.9	2
No.10	4

② 範囲の中からの分類パターン

●45ページ

	1 2 3 4 5
No.1	3
No.2	1
No.3	2
No.4	5
No.5	2
No.6	4
No.7	5
No.8	3
No.9	3
No.10	1

基本問題編

③ 情報からの分類パターン

●53ページ

		1	2	3	4	5
No. 1	4				●	
No. 2	3		●			
No. 3	1	●				
No. 4	2		●			
No. 5	2			●		
No. 6	5					●
No. 7	3			●		
No. 8	5					●
No. 9	4				●	
No.10	1	●				

●54ページ

		1	2	3	4	5
No.11	1	●				
No.12	2	●				
No.13	3				●	
No.14	1	●				
No.15	5					●
No.16	5					●
No.17	4				●	
No.18	3			●		
No.19	4				●	
No.20	2		●			

●55ページ

		1	2	3	4	5
No.21	2		●			
No.22	2		●			
No.23	4				●	
No.24	3			●		
No.25	1	●				
No.26	1	●				
No.27	2		●			
No.28	5					●
No.29	3			●		
No.30	5					●

●56ページ

		1	2	3	4	5
No.31	5					●
No.32	1	●				
No.33	4				●	
No.34	1	●				
No.35	2		●			
No.36	3			●		
No.37	5					●
No.38	4				●	
No.39	2		●			
No.40	3			●		

●57ページ

		1	2	3	4	5
No.41	3			●		
No.42	4				●	
No.43	4				●	
No.44	3			●		
No.45	1	●				
No.46	2		●			
No.47	2		●			
No.48	5					●
No.49	1	●				
No.50	5					●

基本問題編 3 照合問題

① 数字とアルファベットの照合パターン

●62ページ

		1	2	3	4	5
No. 1	2		●			
No. 2	3			●		
No. 3	5					●
No. 4	1	●				
No. 5	3			●		
No. 6	2		●			
No. 7	5					●
No. 8	4				●	
No. 9	1	●				
No.10	1	●				

●63ページ

		1	2	3	4	5
No.11	2		●			
No.12	3			●		
No.13	4				●	
No.14	2		●			
No.15	4				●	
No.16	5					●
No.17	1	●				
No.18	3			●		
No.19	4				●	
No.20	5					●

② 情報の照合パターン

●66ページ

		1	2	3	4	5
No. 1	4				●	
No. 2	3			●		
No. 3	5					●
No. 4	1	●				
No. 5	1	●				
No. 6	5					●
No. 7	3			●		
No. 8	3			●		
No. 9	2		●			
No.10	5					●

●63ページ

		1	2	3	4	5
No.21	3			●		
No.22	2		●			
No.23	4				●	
No.24	1	●				
No.25	4				●	
No.26	2		●			
No.27	1	●				
No.28	5					●
No.29	2		●			
No.30	3			●		

●67ページ

		1	2	3	4	5
No.11	4				●	
No.12	5					●
No.13	1	●				
No.14	2		●			
No.15	1	●				
No.16	1	●				
No.17	3			●		
No.18	4				●	
No.19	1	●				
No.20	5					●

●67ページ

		1	2	3	4	5
No.21	3			●		
No.22	2		●			
No.23	2		●			
No.24	4				●	
No.25	3			●		
No.26	1	●				
No.27	5					●
No.28	5					●
No.29	4				●	
No.30	3			●		

解答一覧

③ 文章の照合パターン

●70ページ

No.	答	1	2	3	4	5
No. 1	5					●
No. 2	1	●				
No. 3	1	●				
No. 4	4				●	
No. 5	2		●			
No. 6	3			●		
No. 7	2		●			
No. 8	5					●
No. 9	5					●
No.10	3			●		

●71ページ

No.	答	1	2	3	4	5
No.11	1	●				
No.12	4				●	
No.13	1	●				
No.14	5					●
No.15	4				●	
No.16	3			●		
No.17	5					●
No.18	2		●			
No.19	2		●			
No.20	3			●		

●71ページ

No.	答	1	2	3	4	5
No.21	3			●		
No.22	4				●	
No.23	1	●				
No.24	5					●
No.25	3			●		
No.26	1	●				
No.27	5					●
No.28	4				●	
No.29	2		●			
No.30	1	●				

基本問題編

4 置換問題

① 漢字とカタカナの置換パターン

●77ページ

No.	答	1	2	3	4	5
No. 1	3			●		
No. 2	1	●				
No. 3	5					●
No. 4	4				●	
No. 5	2		●			
No. 6	2		●			
No. 7	1	●				
No. 8	5					●
No. 9	3			●		
No.10	4				●	

●78ページ

No.	答	1	2	3	4	5
No.11	1	●				
No.12	3			●		
No.13	2		●			
No.14	1	●				
No.15	5					●
No.16	4				●	
No.17	1	●				
No.18	3			●		
No.19	4				●	
No.20	2		●			

●78ページ

No.	答	1	2	3	4	5
No.21	4				●	
No.22	1	●				
No.23	4				●	
No.24	2		●			
No.25	5					●
No.26	1	●				
No.27	3			●		
No.28	2		●			
No.29	1	●				
No.30	3			●		

●79ページ

No.	答	1	2	3	4	5
No.31	4				●	
No.32	3			●		
No.33	5					●
No.34	4				●	
No.35	1	●				
No.36	1	●				
No.37	3			●		
No.38	5					●
No.39	4				●	
No.40	2		●			

●79ページ

No.	答	1	2	3	4	5
No.41	2		●			
No.42	4				●	
No.43	3			●		
No.44	4				●	
No.45	3			●		
No.46	5					●
No.47	1	●				
No.48	4				●	
No.49	4				●	
No.50	2		●			

② 表を用いた置換パターン

●83ページ

No.	答	1	2	3	4	5
No. 1	2		●			
No. 2	5					●
No. 3	1	●				
No. 4	3			●		
No. 5	4				●	
No. 6	4				●	
No. 7	1	●				
No. 8	1	●				
No. 9	5					●
No.10	2		●			

●84ページ

No.	答	1	2	3	4	5
No.11	5					●
No.12	3			●		
No.13	3			●		
No.14	2		●			
No.15	2		●			
No.16	4				●	
No.17	5					●
No.18	1	●				
No.19	4				●	
No.20	3			●		

基本問題編

●85ページ

No.	答
No.21	1
No.22	5
No.23	1
No.24	4
No.25	4
No.26	3
No.27	2
No.28	1
No.29	4
No.30	2

③ 数字と漢字の置換パターン

●88ページ

No.	答
No. 1	1
No. 2	3
No. 3	2
No. 4	5
No. 5	5
No. 6	1
No. 7	4
No. 8	3
No. 9	2
No.10	1

●89ページ

No.	答
No.11	4
No.12	4
No.13	1
No.14	2
No.15	3
No.16	2
No.17	5
No.18	1
No.19	5
No.20	2

●89ページ

No.	答
No.21	1
No.22	3
No.23	5
No.24	1
No.25	4
No.26	4
No.27	2
No.28	5
No.29	1
No.30	5

基本問題編

5
図形把握問題

① 同形の図形パターン

●95ページ

No.	答
No. 1	4
No. 2	2
No. 3	3
No. 4	4
No. 5	1
No. 6	5
No. 7	2
No. 8	3
No. 9	3
No.10	5

●96ページ

No.	答
No.11	2
No.12	1
No.13	5
No.14	4
No.15	1
No.16	3
No.17	5
No.18	2
No.19	1
No.20	4

●97ページ

No.	答
No.21	5
No.22	3
No.23	2
No.24	2
No.25	4
No.26	1
No.27	5
No.28	4
No.29	2
No.30	3

② 変形した図形パターン

●101ページ

No.	答
No. 1	2
No. 2	4
No. 3	1
No. 4	5
No. 5	2
No. 6	4
No. 7	2
No. 8	3
No. 9	5
No.10	1

●102ページ

No.	答
No.11	4
No.12	5
No.13	2
No.14	3
No.15	1
No.16	1
No.17	3
No.18	5
No.19	2
No.20	1

●103ページ

No.	答
No.21	3
No.22	3
No.23	5
No.24	4
No.25	5
No.26	1
No.27	3
No.28	2
No.29	4
No.30	2

③ 指示された図形パターン

●107ページ

No.	答
No. 1	2
No. 2	4
No. 3	5
No. 4	2
No. 5	1
No. 6	3
No. 7	5
No. 8	3
No. 9	1
No.10	2

解答一覧

●108ページ

	答	1	2	3	4	5
No.11	4				●	
No.12	3			●		
No.13	1	●				
No.14	5					●
No.15	2		●			
No.16	1	●				
No.17	2		●			
No.18	2		●			
No.19	5					●
No.20	4				●	

●109ページ

	答	1	2	3	4	5
No.21	3			●		
No.22	4				●	
No.23	2		●			
No.24	5					●
No.25	1	●				
No.26	2		●			
No.27	2		●			
No.28	4				●	
No.29	3			●		
No.30	1	●				

複合問題編

6
置換＋計算問題

① 加減乗除の置換パターン

●117ページ

	答	1	2	3	4	5
No. 1	5					●
No. 2	3			●		
No. 3	4				●	
No. 4	2		●			
No. 5	2		●			
No. 6	3			●		
No. 7	1	●				
No. 8	1	●				
No. 9	5					●
No.10	4				●	

●118ページ

	答	1	2	3	4	5
No.11	3			●		
No.12	5					●
No.13	4				●	
No.14	1	●				
No.15	4				●	
No.16	2		●			
No.17	1	●				
No.18	5					●
No.19	4				●	
No.20	3			●		

●118ページ

	答	1	2	3	4	5
No.21	2		●			
No.22	4				●	
No.23	5					●
No.24	3			●		
No.25	1	●				
No.26	5					●
No.27	5					●
No.28	2		●			
No.29	4				●	
No.30	2		●			

●119ページ

	答	1	2	3	4	5
No.31	4				●	
No.32	2		●			
No.33	1	●				
No.34	5					●
No.35	3			●		
No.36	3			●		
No.37	1	●				
No.38	2		●			
No.39	5					●
No.40	1	●				

●119ページ

	答	1	2	3	4	5
No.41	4				●	
No.42	5					●
No.43	2		●			
No.44	4				●	
No.45	1	●				
No.46	2		●			
No.47	4				●	
No.48	1	●				
No.49	3			●		
No.50	3			●		

---

② 数字の置換パターン

●123ページ

	答	1	2	3	4	5
No. 1	2		●			
No. 2	3			●		
No. 3	4				●	
No. 4	5					●
No. 5	1	●				
No. 6	1	●				
No. 7	5					●
No. 8	3			●		
No. 9	4				●	
No.10	5					●

●124ページ

	答	1	2	3	4	5
No.11	1	●				
No.12	3			●		
No.13	3			●		
No.14	5					●
No.15	5					●
No.16	2		●			
No.17	3			●		
No.18	5					●
No.19	1	●				
No.20	2		●			

●125ページ

	答	1	2	3	4	5
No.21	2		●			
No.22	5					●
No.23	5					●
No.24	1	●				
No.25	4				●	
No.26	3			●		
No.27	1	●				
No.28	2		●			
No.29	4				●	
No.30	2		●			

●126ページ

	答	1	2	3	4	5
No.31	4				●	
No.32	4				●	
No.33	5					●
No.34	1	●				
No.35	5					●
No.36	1	●				
No.37	2		●			
No.38	3			●		
No.39	3			●		
No.40	4				●	

複合問題編

●127ページ　1 2 3 4 5
No.41	3
No.42	4
No.43	2
No.44	1
No.45	2
No.46	4
No.47	1
No.48	5
No.49	5
No.50	2

③ 表を用いた置換パターン

●131ページ　1 2 3 4 5
No. 1	4
No. 2	5
No. 3	1
No. 4	1
No. 5	2
No. 6	5
No. 7	3
No. 8	4
No. 9	2
No.10	3

●132ページ　1 2 3 4 5
No.11	5
No.12	2
No.13	3
No.14	5
No.15	4
No.16	1
No.17	2
No.18	3
No.19	4
No.20	1

●133ページ　1 2 3 4 5
No.21	4
No.22	4
No.23	1
No.24	3
No.25	2
No.26	5
No.27	1
No.28	5
No.29	2
No.30	2

●134ページ　1 2 3 4 5
No.31	2
No.32	1
No.33	5
No.34	3
No.35	4
No.36	1
No.37	3
No.38	5
No.39	2
No.40	4

●135ページ　1 2 3 4 5
No.41	2
No.42	4
No.43	3
No.44	5
No.45	2
No.46	1
No.47	2
No.48	3
No.49	2
No.50	5

複合問題編

7 計算＋分類問題

① 解の分類パターン

●141ページ　1 2 3 4 5
No. 1	4
No. 2	5
No. 3	3
No. 4	3
No. 5	2
No. 6	2
No. 7	5
No. 8	4
No. 9	1
No.10	4

●142ページ　1 2 3 4 5
No.11	5
No.12	3
No.13	4
No.14	4
No.15	1
No.16	2
No.17	5
No.18	3
No.19	1
No.20	2

●143ページ　1 2 3 4 5
No.21	4
No.22	1
No.23	5
No.24	4
No.25	3
No.26	2
No.27	1
No.28	5
No.29	2
No.30	3

●144ページ　1 2 3 4 5
No.31	1
No.32	4
No.33	5
No.34	2
No.35	2
No.36	1
No.37	3
No.38	5
No.39	3
No.40	4

●145ページ　1 2 3 4 5
No.41	5
No.42	2
No.43	5
No.44	1
No.45	1
No.46	5
No.47	4
No.48	3
No.49	5
No.50	4

解答一覧

② 同じ解を探す 分類パターン

●149ページ
	1 2 3 4 5
No. 1	3
No. 2	3
No. 3	5
No. 4	2
No. 5	1
No. 6	1
No. 7	4
No. 8	5
No. 9	2
No.10	4

●150ページ
	1 2 3 4 5
No.11	1
No.12	2
No.13	1
No.14	3
No.15	4
No.16	2
No.17	5
No.18	4
No.19	3
No.20	1

●151ページ
	1 2 3 4 5
No.21	5
No.22	4
No.23	1
No.24	1
No.25	4
No.26	2
No.27	3
No.28	5
No.29	3
No.30	2

●152ページ
	1 2 3 4 5
No.31	1
No.32	4
No.33	4
No.34	5
No.35	3
No.36	3
No.37	2
No.38	1
No.39	2
No.40	5

●153ページ
	1 2 3 4 5
No.41	4
No.42	2
No.43	4
No.44	5
No.45	1
No.46	4
No.47	2
No.48	5
No.49	3
No.50	1

③ □を求める 分類パターン

●156ページ
	1 2 3 4 5
No. 1	3
No. 2	4
No. 3	1
No. 4	2
No. 5	2
No. 6	1
No. 7	3
No. 8	5
No. 9	4
No.10	5

●157ページ
	1 2 3 4 5
No.11	4
No.12	5
No.13	2
No.14	3
No.15	4
No.16	3
No.17	1
No.18	2
No.19	5
No.20	1

●158ページ
	1 2 3 4 5
No.21	2
No.22	2
No.23	5
No.24	4
No.25	1
No.26	1
No.27	3
No.28	4
No.29	5
No.30	3

●159ページ
	1 2 3 4 5
No.31	5
No.32	4
No.33	1
No.34	2
No.35	2
No.36	2
No.37	3
No.38	1
No.39	5
No.40	3

複合問題編

8 置換＋分類 問題

① ４つの情報を用いる パターン

●166ページ
	1 2 3 4 5
No. 1	3
No. 2	5
No. 3	1
No. 4	2
No. 5	5
No. 6	4
No. 7	1
No. 8	3
No. 9	2
No.10	4

●167ページ
	1 2 3 4 5
No.11	3
No.12	3
No.13	2
No.14	4
No.15	5
No.16	1
No.17	5
No.18	4
No.19	3
No.20	2

複合問題編

●168ページ	1 2 3 4 5
No.21	1
No.22	5
No.23	4
No.24	3
No.25	4
No.26	2
No.27	1
No.28	5
No.29	4
No.30	3

●169ページ	1 2 3 4 5
No.31	3
No.32	2
No.33	4
No.34	5
No.35	4
No.36	1
No.37	2
No.38	3
No.39	5
No.40	1

2 数字の分類パターン

●173ページ	1 2 3 4 5
No.1	2
No.2	3
No.3	4
No.4	3
No.5	1
No.6	5
No.7	2
No.8	1
No.9	5
No.10	4

●174ページ	1 2 3 4 5
No.11	5
No.12	1
No.13	3
No.14	2
No.15	4
No.16	4
No.17	1
No.18	5
No.19	3
No.20	2

●175ページ	1 2 3 4 5
No.21	1
No.22	2
No.23	4
No.24	3
No.25	2
No.26	1
No.27	5
No.28	1
No.29	5
No.30	3

3 3種の範囲から選ぶパターン

●179ページ	1 2 3 4 5
No.1	3
No.2	5
No.3	1
No.4	1
No.5	2
No.6	3
No.7	4
No.8	5
No.9	2
No.10	4

●180ページ	1 2 3 4 5
No.11	1
No.12	5
No.13	2
No.14	3
No.15	4
No.16	3
No.17	5
No.18	4
No.19	1
No.20	2

●181ページ	1 2 3 4 5
No.21	4
No.22	3
No.23	4
No.24	1
No.25	2
No.26	5
No.27	3
No.28	1
No.29	5
No.30	2

複合問題編 9 照合＋分類問題

1 文章の照合＋分類パターン

●188ページ	1 2 3 4 5
No.1	2
No.2	1
No.3	5
No.4	3
No.5	4
No.6	3
No.7	4
No.8	4
No.9	2
No.10	5

●188ページ	1 2 3 4 5
No.11	1
No.12	5
No.13	1
No.14	2
No.15	5
No.16	3
No.17	1
No.18	4
No.19	5
No.20	5

●190ページ	1 2 3 4 5
No.21	2
No.22	4
No.23	3
No.24	2
No.25	1
No.26	5
No.27	4
No.28	1
No.29	3
No.30	2

解答一覧

190ページ
	答
No.31	1
No.32	5
No.33	4
No.34	2
No.35	3
No.36	5
No.37	4
No.38	1
No.39	1
No.40	2

197ページ
	答
No.31	2
No.32	1
No.33	4
No.34	1
No.35	2
No.36	5
No.37	4
No.38	3
No.39	4
No.40	5

複合問題編

10 置換＋計算＋分類問題

② 羅列文字の照合＋分類パターン

194ページ
	答
No.1	5
No.2	1
No.3	1
No.4	3
No.5	4
No.6	1
No.7	2
No.8	4
No.9	4
No.10	5

195ページ
	答
No.11	1
No.12	3
No.13	4
No.14	1
No.15	5
No.16	2
No.17	1
No.18	3
No.19	2
No.20	1

196ページ
	答
No.21	4
No.22	3
No.23	1
No.24	5
No.25	2
No.26	2
No.27	4
No.28	1
No.29	1
No.30	2

③ 組み合わせの照合＋分類パターン

201ページ
	答
No.1	3
No.2	2
No.3	1
No.4	1
No.5	1
No.6	1
No.7	3
No.8	5
No.9	2
No.10	4

202ページ
	答
No.11	4
No.12	3
No.13	2
No.14	5
No.15	1
No.16	1
No.17	5
No.18	2
No.19	4
No.20	4

203ページ
	答
No.21	2
No.22	1
No.23	2
No.24	4
No.25	5
No.26	3
No.27	4
No.28	3
No.29	4
No.30	2

① 式を置き換えるパターン

210ページ
	答
No.1	3
No.2	2
No.3	3
No.4	5
No.5	3
No.6	4
No.7	1
No.8	2
No.9	5
No.10	1

211ページ
	答
No.11	2
No.12	1
No.13	5
No.14	5
No.15	1
No.16	3
No.17	4
No.18	2
No.19	4
No.20	3

212ページ
	答
No.21	1
No.22	5
No.23	4
No.24	3
No.25	1
No.26	2
No.27	5
No.28	2
No.29	3
No.30	4

複合問題編

●213ページ

	答
No.31	3
No.32	1
No.33	2
No.34	2
No.35	5
No.36	2
No.37	3
No.38	4
No.39	1
No.40	4

② 計算を2回行うパターン

●217ページ

	答
No. 1	2
No. 2	1
No. 3	4
No. 4	3
No. 5	4
No. 6	5
No. 7	1
No. 8	2
No. 9	3
No.10	1

●218ページ

	答
No.11	3
No.12	3
No.13	1
No.14	2
No.15	5
No.16	5
No.17	4
No.18	2
No.19	4
No.20	1

●219ページ

	答
No.21	5
No.22	2
No.23	4
No.24	4
No.25	5
No.26	3
No.27	1
No.28	2
No.29	1
No.30	3

●220ページ

	答
No.31	1
No.32	4
No.33	5
No.34	3
No.35	3
No.36	3
No.37	5
No.38	4
No.39	1
No.40	2

●221ページ

	答
No.41	4
No.42	1
No.43	2
No.44	1
No.45	5
No.46	2
No.47	5
No.48	2
No.49	4
No.50	1

③ 式の値を範囲から選ぶパターン

●225ページ

	答
No. 1	1
No. 2	2
No. 3	4
No. 4	3
No. 5	4
No. 6	2
No. 7	5
No. 8	1
No. 9	4
No.10	5

●226ページ

	答
No.11	3
No.12	5
No.13	1
No.14	2
No.15	2
No.16	4
No.17	3
No.18	2
No.19	1
No.20	5

●227ページ

	答
No.21	1
No.22	3
No.23	4
No.24	5
No.25	2
No.26	5
No.27	2
No.28	1
No.29	4
No.30	3

●編著者
L&L 総合研究所

License & Learning 総合研究所は，大学教授ほか教育関係者，弁護士，医師，公認会計士，税理士，1級建築士，福祉・介護専門職などをメンバーとする。資格を通して新しいライフスタイルを提唱するプロフェッショナル集団。各種資格試験、就職試験を中心とした分野，書籍・雑誌・電子出版，WBTにおける企画・取材・調査・執筆・出版活動を行っている。

本書の内容に関するお問い合わせは、**書名、発行年月日、該当ページを明記**の上、書面、FAX、お問い合わせフォームにて、当社編集部宛にお送りください。**電話によるお問い合わせはお受けしておりません。**
また、本書の範囲を超えるご質問等にもお答えできませんので、あらかじめご了承ください。
　FAX：03-3831-0902
　お問い合わせフォーム：https://www.shin-sei.co.jp/np/contact-form3.html

落丁・乱丁のあった場合は、送料当社負担でお取替えいたします。当社営業部宛にお送りください。
本書の複写、複製を希望される場合は、そのつど事前に、出版者著作権管理機構（電話：03-5244-5088、FAX：03-5244-5089、e-mail：info@jcopy.or.jp）の許諾を得てください。
[JCOPY] ＜出版者著作権管理機構　委託出版物＞

絶対決める！
公務員の適性試験　完全対策問題集

編著者	L & L 総 合 研 究 所
発行者	富 永 靖 弘
印刷所	今 家 印 刷 株 式 会 社

発行所　東京都台東区　株式　**新星出版社**
　　　　台東2丁目24　会社
　　　　〒110-0016　☎03(3831)0743

Ⓒ SHINSEI Publishing Co., Ltd.　　　　Printed in Japan